Max Hermann Friedländer

Geschichtsbilder

Max Hermann Friedländer

Geschichtsbilder

ISBN/EAN: 9783743422698

Hergestellt in Europa, USA, Kanada, Australien, Japan

Cover: Foto ©ninafisch / pixelio.de

Manufactured and distributed by brebook publishing software (www.brebook.com)

Max Hermann Friedländer

Geschichtsbilder

.

Geschichtsbilder

aus der Zeit der

Tanaiten und Amoräer.

Ein Beitrag

zur Geschichte des Talmuds.

Von

Dr. M. H. Friedländer.

Brünn.

Verlag des Bernhard Epstein.

1879.

Dem löblichen

um die Förderung der Wissenschaft und Humanität

hochverdienten

Vorstande der isr. Allianz zu Wien

hochachtungsvoll zugeeignet

.

vom Verfasser.

Inhalts-Verzeichniß.

I.

Die Tanaiten.

II.

Die Amoräer.

Vorwort.

Die verdienstvollsten und anerkanntesten Persönlichkeiten in der Geschichte des Judenthums der nachbiblischen Zeit sind unstreitig die Tanaiten (Gesetzeslehrer) und Amoräer (Gesetzeserklärer), Männer, welche die Mischna und Gemara, Talmud genannt, dieses prachtvolle, eine Welt von Gedanken, eine Fülle von anregenden Ideen enthaltende, aus 12 starken Folianten bestehende und 2947 Blätter zählende Werk, das so viel gepriesen und ebenso viel getadelt, so oft verherrlicht und noch öfters dem Flammentode preisgegeben wurde, gegründet haben.

Um also mit dem Wesen und Charakter dieser hochverdienten Männer auch gebildete Laien, die nicht Zeit und Muße haben, das unermeßlich große Meer des Talmuds „Jam hatalmud" zu durchsegeln, einigermaßen vertraut machen zu können, entschloß ich mich umsomehr, biographische Skizzen der hervorragend sten Tanaiten und Amoräer in möglichst populärer Weise zu schreiben und zu veröffentlichen, als es, besonders in neuerer Zeit, so viele erbitterte Gegner des Judenthums versucht haben, in Schmähschriften den Talmud als ein gefährlich und verderblich wirkendes Werk zu bezeichnen, und so das ganze Judenthum zu verunglimpfen, herabzuwürdigen und an den Pranger zu stellen.

Da mit Simeon b. Schetach, dem es durch seine Verwandtschaft mit dem verfolgungssüchtigen König Alexander Janäus gegönnt war, in Jerusalem ohne Gefahr verbleiben und zum Nutzen und Frommen der verfolgten Pharisäer wirken zu können, für den Rabbinismus eine neue Aera begonnen und er auch thatsächlich der Redemtor des Rabbinismus genannt wurde, so habe ich es für angemessen gefunden, mit ihm und seinem Collegen Jehuda b. Tabbai den Reigen zu eröffnen.

Einige Artikel dieser Schrift habe ich bereits vor wenigen Jahren in der von dem rühmlichst bekannten Gelehrten, Herrn Director Szanto in Wien, redigirten „Neuzeit", wie in dem in Pest erscheinenden „Hamechaker" *) als Proben veröffentlicht.

So übergebe ich nun diese Arbeit der Oeffentlichkeit mit dem Wunsche, daß sie von vorurtheilsfreien Sachkennern als nützliches Familienbuch wie als belehrende Lectüre für die reifere Jugend anerkannt und gewürdigt werde.

Kaniß, am hundertundfünfzigsten Geburtstage Lessing's 1879.

Dr. Max Herm. Friedländer.

---

*) Der gelehrte Redacteur des „Hamechaker" sah sich veranlaßt, folgende Redactionsnote meinen „Geschichtsbildern" beizufügen: „Wir liefern mit diesen „Geschichtsbildern" nicht nur eine interessante Lectüre für gebildete Laien, nicht nur einen schönen Spiegel für christliche Leser zur Klärung sonst getrübter Anschauungen von den Autoren des Talmud, sondern auch eine durch systematische Ordnung und präcise Darstellung nützliche Geschichtsstudie für kritisches Talmudstudium."

Einleitung.

Moses empfing die Thora am Sinai und überlieferte sie dem Josua, Josua den Aeltesten, die Aeltesten den Propheten; die Propheten überlieferten sie „den Männern der großen Synode." (Abot 1—1.) Diese Versammlung bestand, nach dem Talmud, aus 120 Mitgliedern. Nach Abot R. Nathan I. haben wir den Männern der großen Synode es zu verdanken, daß das h. Lied, die Sprüche Salomo's und Kohelet uns erhalten geblieben sind. Auch die 18 Benedictionen sollen sie verfaßt haben. (Meg. 17.) *)

Simon der Gerechte, dessen Großvater ebenfalls Simon hazadik geheißen und das Amt eines Hohenpriesters, zur Zeit als Alexander der Macedonier nach Jerusalem kam, würdevoll bekleidet und auf jenen Welteroberer einen äußerst günstigen Eindruck gemacht hatte, soll der letzte der Männer der großen Synode gewesen sein. Durch ihn gelangte die Hohepriesterwürde zu ihrem frühern Glanze. Er war aus allen Kräften bestrebt und bemüht, den Tempel zu verschönern und zu verherrlichen, und den ganzen Cultus zu glorificiren. Wenn Simon der Ge=

---

*) Daß sich diese hochverdienten Männer zur Lebensaufgabe gemacht haben, das Studium der Gotteslehre zu fördern und zu wahren, erhellt klar und deutlich aus ihrem Wahlspruch, welcher lautet: Seid vorbedächtig beim Fällen eines Rechtsurtheils. Stellet viele Schüler aus und machet einen Zaun um die göttliche Lehre. (Abot 1.)

rechte die Hände emporhob, um das Volk zu segnen, fühlten sich alle Anwesenden gehoben und gestärkt. (Sirach 50, 1—26.) Der Umstand, daß er während seiner vierzigjährigen priesterlichen Wirksamkeit blos von einem einzigen frommen Jünglinge das Schuldopfer der Nasirär angenommen, weil er die Ueberzeugung gewonnen hatte, daß das Volk es nicht ernst mit den Nasiräergelübden genommen (Nedar. 9.), ist höchst charakteristisch für die religiösen Zustände der damaligen Zeit.

Seiner hohen Tugenden und seltenen Eigenschaften wegen, die er in sich vereinigt hatte, wurde ihm das Epytheton „der Gerechte" von seinen Zeitgenossen beigelegt.

Sein Wahlspruch war: Auf drei Dingen beruht die Welt: auf der Gotteslehre (Tohra), dem Gottesdienste (Aboda) und der Mildthätigkeit (Gemilut Chasadim). (Abot 1, 2.)

Einer seiner vorzüglichsten Schüler, den die Mischna uns namhaft macht, war Antigonus der Sochite, von dem es (Abot 1, 3) heißt: Antigonus aus Socho empfing die Lehre von Simon dem Gerechten. In seiner Zeit gelangte Antiochus Epiphanos zur Regierung. Dieser Tyrann beabsichtigte den jüdischen Staat, dessen politische Selbstständigkeit längst geschwunden war, auch in religiöser Beziehung mit dem griechischen Heidenthume zu verschmelzen. Er wollte, mit einem Worte, die sämmtlichen Juden hellenisiren.

Und in der That haben sich innerhalb des Judenthums zwei Parteien herausgebildet, die sich schroff gegenüber standen und sich stets befehdeten. Es waren dies die Assidäer, oder Chassidäer und die Helleniften. Während die Assidäer nicht blos die Gesetze der Thora, sondern auch alle seit Ezra und den Männern der großen Synode eingeführten Erschwerungen, die gleichsam als Umzäunungen zur Thora galten, streng beachteten, eine ascetische Lebensweise führten, allen überflüssigen Genüssen entsagten und in dem Glauben an Gottes gerechte Weltregierung (gemul sechar weonesch) sich nicht im Entferntesten erschüttern ließen, selbst dann nicht, wenn sie zuweilen sahen, daß der Fromme und Würdige ein kümmerliches, sorgen= und leidenvolles, der Gottlose hingegen ein kummerloses, sorgenfreies und freudenvolles Leben führte; waren die Hellenisten bemüht, der Genußsucht zu fröhnen, der griechischen Mode zu huldigen, die griechische Wissenschaft zu pflegen, mit den damals bereits durch den Taumel der Lust und Freude entnervten Hellenen zu liebäugeln und zu fraternisiren und die eigenen Glaubens= und Stammesgenossen ihrer Strenggläubigkeit wegen zu verlachen, zu verhöhnen und zu verspotten.

Der Vorsitzende des Synhedrions Antigonus der Sochite lehrte daher, daß es thöricht sei, zu glauben, man müsse nur dann Gott dienen, so man Hoffnung hat, sofort belohnt zu werden, wie die Hellenisten glaubten; sondern selbst, wenn man sieht, daß dem Gottlosen Alles gelingt, während der Fromme oft mit Leiden und Qualen mannigfacher Art zu kämpfen und zu ringen hat, muß man dennoch, und zwar aus reiner Liebe und Ehrfurcht, dem Schöpfer des Weltalls dienen.

„Seid nicht wie Diener, die ihrem Herrn um des Lohnes willen dienen, sondern benehmet euch wie Unterthanen, die ihrem Herrn, ohne nach Belohnung zu streben, Dienste bereitwilligst leisten, und die Ehrfurcht vor Gott muß euch beseelen." (Abot 1, 3.) Diese Lehre wurde jedoch von einigen Jüngern Zadok' und Boetho's falsch aufgefaßt, und gab daher der sadducäischen Sekte Veranlassung zu behaupten, daß es nach dem Tode keine Vergeltung gebe, daß man überhaupt keinen Lohn zu erwarten habe (Vgl. Abot de R. Nathan.)

Zu den vorzüglichsten und würdigsten Jüngern des Antigonus des Sochiten gehörten Jose b. Joeser aus Zoreda und Jose b. Jochanan aus Jerusalem, welche später als Vorsitzende des großen Synhedrions fungirten. Sie waren Assidäer in des Wortes reinster und edelster Bedeutung, und als solche suchten sie dem Volke das Griechenwesen verhaßt zu machen, obschon Antiochus damals in Jerusalem eingedrungen war und den Tempel beraubt hatte. Josua b. Joeser soll in der That ein bis dahin unerhörtes Märtyrerthum erlitten haben. Schon ihre Lehrsätze zeugen von ihrer assidäischen Gesinnung und ascetischen Lebensweise. „Laß dein Haus immer weit offen stehen, und die Armen sollen deine Hausgenossen sein." „Rede nicht viel mit einem Weibe" (Abot 1, 4) lehrte Jose b. Jochanan aus Jerusalem. Sein College Jose b. Joeser aus Zoreda hingegen lehrte: „Laß dein Haus ein Sammelplatz der Weisen sein. Setze dich in den Staub zu ihren Füßen, und sauge ihre Worte mit brennendem Durste ein." (Ibid 5.) Unter dem Vorsitze des Jose b. Joeser wurde der Beschluß gefaßt: daß gläserne Gefäße der Verunreinigung fähig sind, und daß heilige Speisen, die den Boden außerhalb Palästina's berührt haben, nicht als rein betrachtet werden dürfen. (Sabbath 14.) Also ein schlagender Beweis, daß er ein Assidäer von echtem Schrott und Korn war. Diese beiden verdienstvollen Männer mußten wohl, nachdem sie von dem Schauplatze ihrer Wirksamkeit abberufen wurden, eine fühlbare Lücke zurückgelassen haben, denn im Talmud (Sotha 47) heißt es: „Mit Jose b. Joeser und Jose b. Jochanan wurden die Männer, welche alle religiösen Tugenden in sich vereinigten, zu Grabe getragen."

Ihre Traditionen wurden von den späteren Synhedrial-Präsidenten Josua b. Perachja und Nitai aus Arbeli, von denen es (Abot 1, 6) heißt, daß sie von ihnen die Lehre empfingen, weiter verbreitet. Bekannt sind jedoch von ihnen blos folgende Sprüche, die wohl zeugen, daß sie bestrebt waren, die Tradition, die den Sadducäern nichts galt, hoch zu halten. Josua sagte: „Schaffe dir einen (Rab) Lehrer der Ueberlieferung, erwirb dir einen (Chawar) Freund oder Gesinnungsgenossen, und beurtheile jeden Menschen von der verdienstvollen Seite." Nitai aus Arbeli lehrte wieder: „Halte dich fern von einem bösen Nachbar Geselle dich nicht zu einem ungläubigen Menschen und perhorrescire nicht den Glauben an eine künftige Vergeltung." (Ibid.)

Diese beiden Lehrer wurden von Hirkan an die Spitze des Synhedrions berufen, als er noch ein eifriger Anhänger der

Pharisäer, die den Kern des Volkes bildeten, und ein aufrich=
tiger Förderer der Tradition gewesen ist. Später jedoch gelang
es den Sadducäern, die bedeutende Feldherren, Diplomaten und
intime Freunde Hirkans zu ihren Mitgliedern zählten, Hirkan
für ihre Partei zu gewinnen und ihm die Pharisäer durch
mannigfache Beschuldigungen und Verdächtigungen verhaßt zu
machen.

Um nun seinem im Innern gegen die Pharisäer gehegten
Groll entschiedenen Ausdruck verleihen zu können, bot sich im
bald die Gelegenheit dar.

Als er, Hirkan nämlich, von einem Kriege über die Völker
im Nordosten von Peräa, in welchem er glänzende Siege er=
rungen, heiteren Sinnes und frohen Muthes heimkehrte, ver=
anstaltete er ein Gastmahl, zu welchem sowohl die Vertreter der
Sadducäer als die der Pharisäer geladen wurden.

Bei der Tafel richtete Hirkan an die Pharisäer die Frage:
ob sie gegen seine religiöse Richtung etwas einzuwenden Ursache
haben? Da soll ihm ein unbesonnener Pharisäer entgegnet haben,
daß er klug handeln würde, so er sich blos mit der Fürsten=
krone begnügen und die Krone des Hohenpriesters einem Wür=
digeren übertragen möchte, da seine Mutter einst im feindlichen
Lager sich als Gefangene befand. Hirkan ließ die Sache sofort unter=
suchen und es stellte sich klar heraus, daß die hämische Behaup=
tung jenes Pharisäers betreffs Hirkans Mutter rein aus der
Luft gegriffen sei. Die Erbitterung Hirkans war in Folge dessen
sehr groß, und die Sadducäer benützten diese Gelegenheit, ihn
zu veranlassen, die Pharisäer von allen öffentlichen Aemtern zu
entfernen und die Tradition in das Reich der Nihilität zu
verdrängen.

Wenn auch Hirkan, der bereits im hohen Alter stand,
nicht in allen Stücken den Sadducäern nachgab, so waren denn
doch die Pharisäer sowohl unter seiner Regierung als unter der
Herrschaft seines Nachfolgers, des ebenfalls sadducäisch gesinnten

Alexander Janäus, vielen Widerwärtigkeiten und Ungemächlich=
keiten ausgesetzt.

Schließlich wollen wir noch bemerken, daß sich aus den
bereits erwähnten Assidäern die Sekte der Essäer herausgebildet
hatte. Die Essäer waren eine Art Nasiräer, die in ihrer maß=
losen Asketik allen weltlichen Freuden und Genüssen, die nicht
unbedingt zur Erhaltung des Lebens nöthig sind, entsagten und
der Ehe sich enthielten. Sie hatten eine gemeinschaftliche Casse,
enthielten sich der Eidesleistung und nahmen jeden Morgen ein
Quellenbad, man nannte sie daher auch „Towle schachris“,
Morgentäufer. Die Pharisäer hatten keine besondere Sympathie
für sie, sie nannten oft manches Mitglied dieses Ordens seiner
überspannten lächerlichen Ansichten wegen „Chasid schote“.
Aus dem Orden der Essäer gingen zunächst die ersten
Christen, die Ebioniten oder Ewjonim, Dürftige, wie sie sich nann=
ten, hervor. Sie beobachteten die Sabbath=, Speise= und sonstigen
Religionsgesetze und verachteten die irdischen Schätze und Reich=
thümer, weil Jesus, den sie nicht etwa als Gott, sondern als
den Messias verehrten, das Streben nach Gold und Silber auf
das entschiedenste perhorrescirt hatte.

I.

Die Tanaiten.

Simeon ben Schetach und Jehuda ben Tobbai.

Während der grausamen Verfolgungen, denen die Pharisäer unter Hirkan und Alexander Jannäus preisgegeben waren, entstand dem Rabbinismus in der Person des Simeon b. Schetach sein Redemptor und Begründer, der, wie der Talmud sagt, der Krone des Gesetzes ihren frühern Glanz wieder zu verleihen verstanden hatte. (Kidd. 66.) Er soll, wie der Talmud (Berach 48) erzählt, der Bruder der Königin Alexandra Salome, Gattin des vom Pharisäismus abgefallenen Königs Alexander Jannäus, gewesen sein; daher er auch am königlichen Hofe als einflußreiche Dignität figurirt hatte.

Einst, so wird (Beresch. rabba 91) erzählt, wurde Simeon b. Schetach beim Könige Alexander verleumdet und verdächtigt, als hätte er den König durch Ränke, Schlauheit und List zu hintergehen beabsichtiget, worauf Simeon die Flucht zu ergreifen sich genöthigt sah. Die Königin allein wußte, wohin ihr Bruder sich geflüchtet hatte, sie verrieth ihn jedoch nicht. Allein, als einst partische Gesandte, die den Simeon von früher kannten und ihn nicht nur als Gelehrten zu würdigen verstanden, sondern ihn auch seiner großen Klugheit wegen stets bewunderten, zur königlichen Tafel geladen wurden, konnten sie nicht umhin ihr Befremden darüber auszudrücken, daß der weise Simeon nicht anwesend sei. Um ihrem Wunsche entsprechen zu können, zeigte sich Alexander geneigt, den Simeon b. Schetach wieder an seinen Hof zu berufen und bat daher die Königin, ihn hiezu bewegen zu wollen. Alexandra aber willigte erst dann ein, ihren Bruder zur Rückkehr zu veranlassen, nachdem ihr der König feierlichst versprochen hatte, dem Flüchtlinge nicht das Geringste zu Leide thun zu wollen.

Simeon folgte dem Rufe, der an ihn ergangen, und wurde dann vom Könige an die Spitze des Synhedrions gesetzt, das bis nun immer noch zumeist aus sadducäischen Mitgliedern bestand. Der König mochte wahrscheinlich durch diese Berufung einen Ausgleich der beiden sich stets hartnäckig, mit unerbittlichem Hasse und Grolle befehdenden und bekämpfenden Parteien herbeizuführen beabsichtigt haben. Allein Simeon b. Schetach, der in seinem Innern ebenfalls ein entschiedener Feind der Sadducäer gewesen, sann bald darauf, das Synhedrion von den unheimlichen sadducäischen Gästen dadurch zu befreien, indem er ihnen sehr oft in öffentlicher Versammlung, sogar in Gegenwart des Königs und der Königin, die den Berathungen anzuwohnen pflegten, durch geistreiche Fragen, die zu beantworten sie nicht in der Lage waren, die größten Verlegenheiten bereitet hatte.

Die Folgen dieser öffentlichen Beschämung waren, daß die tief verletzten Sadducäer nach und nach das Synhedrion verließen, welche höchst günstige Gelegenheit Simeon benützte, um das von den Sadducäern gesäuberte Synhedrion sofort durch Pharisäer zu besetzen Dieser denkwürdige Tag, der 28. Tebeth nämlich, wurde von den Pharisäern als ein Tag des größten Triumphes gefeiert. (Meg Taan. X.) Diese Freude sollte ihnen jedoch nicht lange gegönnt sein, denn als Alexander später von seinen Feldzügen als vom Glücke begünstigter Sieger wonnetrunken heimkehrte, schien ihm das Aufblühen des Pharisäismus etwas unbehaglich, ja er glaubte in demselben nichts als Verrath, den Untergang seiner Macht und Größe wittern zu müssen. Um daher die Pharisäer seinen Unwillen wie seine tiefe Ver-

achtung fühlen zu lassen, benützte er die Gelegenheit, einen pha=
risäischen Brauch offen auf die niedrigste Weise zu verletzen und
zu abrogiren. Er goß nämlich am Hüttenfeste, wo er als Hoher=
priester fungirte, das Wasser aus einer silbernen Schale auf den
Boden zu seinen Füßen nieder, anstatt auf den Altar. Das Volk
hierüber sehr erbittert, warf die Festfrüchte „Etrog" nach dem
ketzerischen Könige und die Rufe „Sclavensohn" waren ver=
nehmbar. (Vgl. Suka 48. Josephus Alterth. XIII, Grätz 3 B. 112.)

Alexander, der wohl auf einen derartigen Angriff gefaßt
gewesen sein mochte, ertheilte sofort den zu diesem Zwecke in
Bereitschaft gestandenen pisidischen und cilnischen Soldaten den
Befehl, in die Situation recht thätig einzugreifen und tüchtig
einzuhauen. Ungefähr 6000 Mann verloren im h. Tempel
ihr Leben.

Daß nun nach solchen Vorgängen die Pharisäer über den
König höchst erbittert waren und in ihren Herzen einen unver=
söhnlichen Haß gegen ihn hegten, ist selbstverständlich und leicht
begreiflich. In Folge dessen benützten sie nach wenigen Jahren,
als dem Tyrannen in auswärtigen Kriegen das Glück nicht
mehr hold sein wollte, die Gelegenheit, um an Seite seiner
Feinde gegen ihn zu kämpfen.

Der racheschnaubende Alexander aber vergalt es ihnen mit
einer unerhörten haarsträubenden Grausamkeit. Er ließ sich
nämlich in seinem wuthentbrannten Zorne hinreißen, dem Rath=
schlage seines sadducäischen Günstlings Diogenes Folge zu leisten
und achthundert gefangene Pharisäer an einem Tage an das
Kreuz schlagen zu lassen. Uebertreibend erzählte man sich später,
Alexander habe sogar die Frauen und Kinder der zum Tode
Verurtheilten vor ihren Augen hinschlachten lassen, und habe
diesem blutigen Schauspiele bei einem Schmause, von Buhlerinen
umgeben, zugesehen. Indessen bedurfte es nicht dieses Ueber=
maßes von Grausamkeit, um ihn mit dem Schimpfnamen
„Trazier" zu brandmarken. Diese Kreuzigung von achthundert
Mann war hinreichend, ihn als herzlosen Menschenschlächter zu

verurtheilen, und sie hat den Sadducäern, welche Schadenfreude darüber empfanden, bittere Früchte getragen. Dieser unversöhnliche Haß der beiden Parteien hat der Nation die tiefsten Wunden geschlagen. Ueber fünfzigtausend Mann von beiden Parteien kamen während dieser sechsjährigen Kämpfe um. Die Pharisäer litten am meisten darunter und hielten sich im Lande nicht mehr sicher.

In der Nacht nach der Kreuzigung der Achthundert flüchteten über achttausend derselben ins Ausland, theils nach Syrien, theils nach Egypten. (Grätz a. a. O. 114.) Unter den Flüchtigen befanden sich auch Josua b. Prachja und Jehuda b. Tabbai.

Simeon b. Schetach jedoch hatte es nicht nöthig, die Flucht zu ergreifen, da die Königin ihn in ihren Schutz nahm.

Nach dem Talmud (Jer. Baba Mezia 8) soll Simeon b. Schetach, obschon er der Bruder der Königin war, in äußerst dürftigen Verhältnissen gelebt haben. Seine Schüler hätten ihm einst, um ihm sein höchst beschwerliches Hausierergeschäft wenigstens theilweise erleichtern zu können, einen Esel gekauft; und als sie an dem Halse desselben ein mit Diamanten besetztes Halsband bemerkten, wollten sie den frommen Lehrer zu diesem glücklichen Funde gratuliren, allein er trug ihnen auf, den Schatz dem sarazenischen Verkäufer sofort zurückzugeben, da derselbe nicht zum Kaufe gehörte. Ob auch Simeon b. Schetach sich während dieser Zeit im Exil befand, wie Grätz a. a. O. behaupten will, kann aus dieser Stelle durchaus nicht entnommen werden.

Nach unzähligen Kriegen, aus denen Alexander theils als Sieger, theils als Besiegter heimzog, warf er sich den sinnlichen Genüssen völlig in die Arme, lebte und schwelgte in Saus und Braus, suchte immer Orgien zu feiern, so daß er, nachdem er seines tief entsittlichten Lebenswandels wegen seine Kräfte vergeudet hatte, sich eine Krankheit zuzog, die ihn seinem Untergange entgegenführte. Und als sich ihm der schwarze Fürst der Schatten näherte, um ihn gewissermassen auf die letzte Stunde vorzubereiten, da schien Alexander seine, von wahrer Bestialität und blutdürstiger Tyrannei zeugenden Unthaten in seinem Innern tief zu bereuen. Seiner Gattin Alexandra, die er als Regentin einsetzte, rieth er eben in seiner Sterbestunde, sich den Pharisäern aufs Innigste anzuschließen und sie bei jeder Gelegenheit zu Rathe zu ziehen.

Daß es auch damals nicht an Heuchlern, Frömmlern und Krakehlern, die gleich unheilverbreitenden Dämonen überall ihren Spuck trieben, gemangelt, beweist zur Genüge die Antwort, die der sterbende König in dem letzten Momente der um die Zukunft ihrer Dynastie so sehr besorgten Königin auf die Frage, was nach seinem Tode geschehen sollte? gegeben hatte: Fürchte weder die Pharisäer noch ihre Gegner, sondern hüte dich vor den „Zebium" (Gefärbten), den Heuchlern, die das größte Laster eines „Simri" zu begehen fähig sind, und obendrein die Kühnheit besitzen, den Lohn eines „Pineas" für sich zu beanspruchen (Sota 22. a.).

Kaum bestieg Salome Alexandra den Thron, als sie schon bestrebt war, die bis dahin verfolgte pharisäische Partei kräftigst zu unterstützen und ihr alle ihr gebührenden Rechte einzuräumen. Ihr Bruder Simeon b. Schetach wurde von ihr zum Präsidenten des obersten Gerichtshofes „Synhedrion" ernannt, der, fern von jedem Ehrgeize, sofort den berühmten Jehuda b. Tobbai, der noch im Exil lebte, berufen hatte, um mit ihm gemeinschaftlich das Präsidium des Synhedrions zu übernehmen. Höchst sonderbar ist dieses Berufungsschreiben gehalten: „Von mir Jerusalem der heiligen Stadt, an dich Alexandrien! Mein Gemal wohnt in deiner Mitte und ich bin verlassen." (Jer. Chagiga 2.) Jehuda b. Tobbai nahm keinen Anstand, dem Rufe, der von Seite des Simeon b. Schetach an ihn ergangen, Folge zu leisten und war sogar aus allen Kräften bestrebt und bemüht, in Gemeinschaft Simeon's das Synhedrion zu organisiren, die Gerichtsbarkeit, die durch die Stürme der letzten Jahre tief im Argen lag, wie überhaupt die Autorität der Religionsgesetze, die tief gesunken war, wieder herzustellen, das Unterrichtswesen zu fördern und überhaupt zeitgemäße Reformen im Allgemeinen einzuführen. Jehuda b. Tobbai fungirte als Vorsitzender „Nassi" dieses Synhedrions, während Simeon b. Schetach sich aus Bescheidenheit mit dem Range eines Präsidenten „Ab-bet-din" des Gerichtshofes begnügte.*) Daß sie strenge, höchst gerechte Richter waren, zeigen ihre Lehrsätze, die sie ihren Schülern als Vermächtniß hinterließen.

Simeon b. Schetach sagte: Frage stets die Zeugen strenge aus, sei jedoch sehr vorsichtig in deinen Ausdrücken, damit sie nicht daraus erst lernen, wie sie dich belügen sollen. (Abot 1. 9.) Jehuda b. Tobbai sagte: Als Richter sei nicht Sachwalter der Parteien den andern Richtern gegenüber. So lange die streitenden Parteien vor dir stehen, betrachte sie beide als die schuldigen; und wenn sie von dir entlassen sind und deinen Ausspruch anerkannt haben, so betrachte beide als schuldlos (ibid.). Die Maß- regel Simeons scheint besonders gegen die Angebereien gerichtet gewesen zu sein, die häufig genug vorgekommen sein müssen, weil deren erwähnt werden, und die in einer Zeit, in der die Rollen von Siegern und Besiegten so oft wechselten, nicht aus- bleiben konnten. Simeon schärfte daher den Richtern ein, beim Zeugenverhör recht umständlich und in der Fragestellung recht vorsichtig zu sein, damit die Ankläger nicht aus den, den Richtern entfahrenden Worten ihr Lügengewebe zu beschönigen vermöchten (vgl. Gr. Gesch. a. a. b. 120).

Ihr Hauptaugenmerk war dahin gerichtet, den verderblichen sadducäischen Lehren, die sich in den letzten Jahren, weil von

---

*) Das große Synhedrion, das seinen Sitz im Lischohat hagosit hatte, bestand aus 71 Mitgliedern; weil Moses, mit den 70 Aeltesten gleichfalls eine solche Körperschaft gebildet hatte. Der tüchtigste und genialste unter ihnen war der Patriarch (Nassi), der, als die höchste Autorität, wie einst Moses, angesehen wurde. Neben ihm zur Rechten saß als Vicar-Oberrichter ebenfalls eine hervorragende Zelebrität, die „Ab-bet-Din" genannt wurde. Die übrigen saßen neben den beiden Präsidenten in einem Halbkreis.

den Königen Hirkan und Alexander Jannäi begünstigt, überall breit gemacht haben, entschieden entgegen arbeiten, und hindernd in den Weg treten zu können. Diese beiden Lehrer führten nicht blos auf dem Gebiete der Rechtspflege, wo die Sadducäer, diese Buchstabenverehrer durch ihre eigenthümlichen Strafgesetze, wie das buchstäbliche „Auge um Auge" dem Volke herbe Wunden versetzten, an denen es lange zu bluten hatte, sondern auch auf dem der Ehegesetze, des Schul- und Rituswesens eine zweckmäßige, den Anforderungen der Zeitverhältnisse entsprechende Reformen ein. So z. B. wird Jeruf. Ketubot VIII. erzählt: Simeon b. Schetach, zweifelsohne im Vereine mit Jehuda b. Tobbai, hat folgende Verordnung getroffen: Erstens, daß alle Güter des verstorbenen Gatten für das Wittibgut „Ketuba" der zurückgelassenen Wittwe haften; ferner, daß das Unterrichtswesen geregelt und der Schulzwang eingeführt, damit die Schule fleißig frequentirt werde. Schließlich, daß metallene Gefäße der Verunreinigung fähig sind.

Jehuda b. Tobbai schien aber eine Zeit lang das Präsidium des obersten Gerichtshofes allein, ohne Simeon b. Schetach verwaltet zu haben; denn als er dem Simeon b. Schetach erzählte, daß er einen einzelnen Zeugen, der im Betreff seiner Aussage bei einer Criminalsache eines Alibi überwiesen wurde, hinrichten ließ, um den Sadducäern, die behauptet haben, ein solcher Zeuge könne nur dann bestraft werden, wenn seine falsche Aussage Folge gehabt habe, zuwiderhandeln zu können, — eine Verfahrungsweise, die nicht nur ihre Begründung auf pharisäischem Boden nicht nachweisen konnte, sondern geradezu eine antipharisäische genannt zu werden verdiente — da antwortete ihm Simeon: Wahrlich du hast unschuldiges Blut vergossen. Hierauf faßte Jehuda den Entschluß, niemals wieder ohne Simeons Betheiligung im Präsidium zu amtiren.

So lange er lebte, warf er sich täglich auf das Grab des Hingerichteten und weinte (Macot 5 b.). Aber auch Simeon b. Schetach schien als Präsident die höchste Strenge des Gesetzes walten zu lassen, die ihn selbst später ein großes Opfer gekostet hatte. Er ließ nämlich 80 Zauberinen hinrichten Sanhedrin 46.) In Folge dessen haben seine Feinde aus Rache Zeugen gegen seinen eigenen Sohn aufgestellt, die ihn eines Verbrechens be= schuldigten, worauf der Tod stand. Der tief betrübte Vater mußte den eigenen Sohn verurtheilen. Als der Verurtheilte jedoch zum Richtplatze geführt wurde, erklärten die Zeugen, wahrscheinlich von einem tiefen Mitgefühle ergriffen, sie hätten das Präsidium mit Lügen berichtet. Der Vater, überglücklich ob dieses Geständnisses der verleumderischen Zungen, wollte seinen heißgeliebten Sohn sofort aus dieser höchst peinlichen und unerquicklichen Situation befreien. Allein jener sprach: Vater, wenn es dir darum zu thun ist, daß Friede wieder in Israel einziehe, so vollziehe das einmal gefällte Urtheil. (Jerus. Sanhedr.)

Zum Schlusse wollen wir noch erwähnen, daß Honi, Hamagol genannt, ein Zeitgenosse der beiden Gerichtshäupter war, und sich seiner hohen Frömmigkeit wegen die allgemeine Hochachtung erworben hatte. Das Volk appellirte sogar einst bei einer eingetretenen furchtbaren Dürre an ihn, daß er es ver= suchen soll den Himmel zu erflehen und sein Gebet soll angeblich ein höchst günstiges Resultat erzielt haben. Simeon b. Schetach aber, dem eine derartige von Fanatismus und Aberglauben zeugende Frömmigkeit verhaßt war, ließ ihm sagen: Wärest du nicht Honi gewesen, wahrlich ich würde keinen Augenblick An= stand genommen haben, gegen dich den Bann zu schleudern. (Taanit 33.) Nichtsdestoweniger war Honi ein ehrlicher, unge= heuchelt frommer Mann, der fern von jedem Eigennutze und jeder Charlatanerie sein Leben, das er als Märtyrer endete, der Gotteslehre und der Frömmigkeit geweiht und gewidmet hatte.

II.

Schemaja und Abtalion.

Nach Simeon b. Schetach's und Jehuda b. Tabbais Tode sind deren geistreiche, durch immense Gelehrsamkeit hervorragende Jünger Schemaja (Sameas) und Abtalion (Pollion) an die Spitze des Synhedrion getreten, und zwar bekleidete Schemaja das Amt eine „Nassi", ersten Vorsitzenden, und Abtalion das eines „Ab-bet-din" zweiten Präsidenten.

Die Zeit ihrer Wirksamkeit und Thätigkeit war eine höchst ungünstige, denn düstere und grauenvolle Gewitterwolken haben den Horizont des israelitischen Staates umwölkt.

Alexandra Salome übergab nämlich auf ihrem Sterbebette die Krone ihrem ältesten Sohne Hirkan II., den zwar Bescheidenheit, Anspruchslosigkeit und tiefe Religiosität zierten, der aber seiner Charakterschwäche und Unselbstständigkeit wegen durchaus nicht die Fähigkeit besaß, in solch' höchst bewegten und politisch aufgeregten Zeiten das Leitseil der Regierung in Händen haben zu können. Sein jüngerer Bruder Aristobul II., dieser tollkühne Feldherr und geistreiche Diplomat, setzte alle Hebel in Bewegung, um nach drei Monaten schon in den Besitz der Krone gelangen zu können. Hirkan begnügte sich mit der Hohenpriester= würde, während Aristobul sich mit der Königskrone schmückte. Allein durch die schlaue, ränkevolle Intervention des erbärmlichen gewissenlosen Antipater's gelang es dieser idumäischen Familie, die beiden Kronprätendenten zu stürzen, dem hasmoniäschen Hause furchtbare Wunden zu schlagen, und dem Herodos, Antipaters Sohn, dem Günstlinge des römischen Senates, die Krone von Judäa in die Hand zu spielen. Man wird es also leicht begreiflich finden, daß in solch' stürmischen Zeiten die politische Macht des Synhedrions tief gesunken sein mußte. Nichtsdesto= weniger standen die beiden Synhedristen Schemaja und Ab= talion in großem Ansehen und hatten sich der allgemeinen Hoch=

achtung und Liebe des Volkes zu erfreuen So erzäht der Talmud (Joma 71.) daß, als einst der Hohepriester, wahrscheinlich Antigonos, am Versöhnungstage nach Beendigung des Gottesdienstes, nach herkömmlichem Usus, beim Nachhausegehen vom Volke, das sich ihm nahete um ihn beglückwünschen zu können, begleitet wurde, ihm auch die beiden Synhedrialpräsidenten Schemaja und Abtalion begegnet sind. Kaum wurden sie aber vom Volke bemerkt, als dasselbe schon den Hohenpriester verließ, um die hochverehrten und beliebten Synhedristen nach Hause begleiten zu können. Der Hohepriester, hierüber tief entrüstet, konnte nicht umhin, seiner Erbitterung ob der ihm zugefügten Verletzung in einer ironischen Begrüßung Ausdruck zu verleihen, die aber die beiden Synhedristen in einer ebenso verletzenden Weise beantworteten.

Schemaja hatte sogar den Muth, der Regierung, respective dem Oberhaupte derselben, frei, offen und unumwunden ihre Energielosigkeit und Unbeständigkeit vorzuhalten, und deren Mängel und Gebrechen in sehr beredten Worten unerschrocken zu geißeln. Zur Zeit als Herodes noch unter der Regierung Hirkan des II*) Statthalter von Galliläa war, erkühnte er sich den Ezekin, das Oberhaupt einer Freischaar, ohne königliche Vollmacht enthaupten zu lassen. Als aber das Volk hierüber sehr erbittert war, sah Hirkan II. sich genöthigt, den Herodes vor das Tribunal des hohen Gerichtshofes zu berufen. Herodes erschien, in Prachtgewändern gekleidet und von bewaffneten Männern begleitet, vor dem Gerichtshofe, in welchem diesmal

---

*) Obschon Anfangs Hirkan seiner Geistesschwäche wegen sich blos mit der Hohenpriesterwürde begnügt und zu Gunsten seines befähigteren Bruders Aristobul auf die Krone verzichtete, ließ er sich doch später von dem schlauen Antipater verleiten, eidbrüchig zu werden Der Streit der beiden Brüder kam sogar vor Pompejus, der Jerusalem eroberte, dem Hirkan blos die Hohenpriesterwürde und den Titel „Volksfürst" ließ, und Aristobul, sein Sohn Antigonos, seine zwei Töchter und seinen Oheim Absalon als Gefangene nach Rom führte.

auch der König anwesend war mit herausfordernder Miene. Die sämmtlichen Anwesenden geriethen so sehr in Angst und Schrecken, daß keiner von ihnen — der König nicht ausgenommen — den Muth hatte die Gerichtsverhandlung zu eröffnen.

Der Vorsitzende jedoch, Schemaja nämlich, faßte Muth, ergriff das Wort und sprach: Du König! deine Verfahrungs= weise ist noch tadelnswerther als die des auf den Tod Ange= klagten. Wisse, daß derselbe, vor dem du jetzt zitterst, Euch alle einst dem Henkerbeil übergeben wird. (Joseph. Alterth. XIV.) Die übrigen Synhedristen wurden durch diese Worte aufgeregt und angefeuert, allein der feige Hirkan fürchtete eben diese Auf= regung, daher ließ er die bereits begonnene Verhandlung vertagen, damit Herodes inzwischen Zeit gewinnen konnte sich einer weitern Verhandlung zu entziehen. Dem verdienstvollen Geschichtsforscher Jost schien diese Schilderung höchst eigenthümlich. Er sagt in seiner Gesch. des Judenth. und seiner Secten (I. B. S. 252): „Die Schilderung dieses Gerichtes ist in mehrfacher Hinsicht merkwürdig. Erstens berufen sich die Ankläger auf das Recht der Juden, daß selbst anerkannte Verbrecher nicht eher gestraft werden dürfen, als ein Synhedrion den Spruch erlassen habe. Ein Beweis, daß die Synhedrial=Einrichtung allerdings schon wurzelte. Zweitens wird von dem Synhedrion (also dem be= stimmten, offenbar dem einzigen,) in Jerusalem gesprochen, vor dessen Schranken Hirkan den Herodes lud. Drittens führte Hirkan, nicht aber die beiden Schulhäupter, wie man erwarten sollte, den Vorsitz; wie den Sameas auch nur als einer der Richter bezeichnet wird, welcher den Muth hatte, den Fürsten und die erschrockenen Mitglieder an ihre Pflicht zu erinnern. Viertens endlich wird die Anzahl der Richter nicht gemeldet, so wenig als der Name des Sitzungsortes; beides wäre zu er= warten, wenn in Jerusalem, wie es heißt, noch andere Gerichts= stellen für peinliche Fälle vorhanden gewesen wären. — Daraus müssen wir schließen, daß die später über Synhedrien vorge= schriebenen Einrichtungen damals noch keineswegs ins Leben

2

getreten waren, wofern man nicht den Fall als Ausnahme betrachten will, wozu kein Grund vorliegt.

Bekanntlich verhängte Herodes nachmals als König eine
blutige Verfolgung über die Synhedristen, die ihn gerichtet hatten,
und verschonte nur die beiden Schulhäupter, weil sie dem Volke
gerathen, ihm die Thore zu öffnen. Wir bezweifeln die Angabe,
daß sie alle hingerichtet worden seien, da die Vermuthung nahe
liegt, daß die meisten sich durch die Flucht gerettet haben. Wie
dem aber sei, so ist so viel gewiß, daß Schemaja und Abtalion
noch mehrere Jahre unter Herodes ihre Wirksamkeit übten. In
diese Zeit fallen wahrscheinlich ihre Entscheidungen über Rein-
heitsfragen (Eduj. 1, 3. und V. 6), und die Anwendung des
Gesetzes, betreffend die Anklage einer Frau wegen Untreue, auf
eine Freigelassene, was ein späterer berühmter Lehrer in Abrede
stellte, indem er meinte, sie hätten dieselbe nur einer Scheinprobe
unterworfen.

Daß das Synhedrion, zur Zeit, als Herodes die Zügel
der Regierung in die Hand nahm, in seiner Wirksamkeit und
Amtsthätigkeit sehr beschränkt war, wird man leicht begreiflich
finden. In jeder freien Aeußerung der Lehrer und Schüler
glaubte Herodes, dieser durchaus nicht beliebte Fürst, Verrath
wittern zu müssen. Und an Verräthern hat es damals, besonders
unter den Sadducäern, nicht gemangelt. In Folge dieser Beschränkung der Lehr- und Meinungsfreiheit wurde vielen Gelehrten jener Zeitepoche das Amt geradezu verhaßt. Schemaja
sagte daher: Liebe die Arbeit und hasse die Herrschaft, während
Abtalions Wahlspruch lautete: Ihr Weisen achtet wohl auf
euere eigenen Worte, damit ihr euch nicht das Exil zuzieht.
(Abot 1. 10. 11)*)

*) Es ist auch möglich, daß Abtalion, dessen Wahlspruch lautet: „Ihr
Weisen, achtet wohl auf euere eigenen Worte, daß ihr euch nicht
das Exil zuzieht und nicht verbannt werdet an einen Ort, wo die
bösen Wasser sind, dann trinken die Schüler, die nach euch kommen, und haben den Tod daran, wodurch der Name Gottes entweiht

Der argwöhnischen Regierung wegen jahen sie sich genöthigt, den Zutritt zum Lehrhause zu beschränken, und stellten einen Thorwächter „Pförtner" vor dasselbe, der nur demjenigen den Eintritt gestatten durfte, der in der Lage war, eine bestimmte Taxe als Eintrittsgeld bezahlen zu können.

Zu ihren hervorragendsten Schülern gehörten Hillel und Schamai, die auch später ihre Nachfolger im Amte geworden sind.

Nach dem Talmud (Gittin 57.) soll Schemaja ein von Sanherib abstammender Proselyte gewesen sein, was übrigens von den Historikern in Frage gestellt wird.

III.

Hillel und Schamai.

Hillel und Schamai, diese beiden sonst so entgegengesetzten Charactere, waren nunmehr berufen, nach dem Tode ihrer Lehrer Schemaja und Abtalion, Vertreter der Religion, des Ritual= und Ceremonialgesetzes in Israel zu sein. Hittel, der mütterlicherseits vom König David abstammte (Jerus. Taan.

wird," nichts anderes beabsichtigte, als die Gesetzeslehrer vor un-deutlichen zu falschen Ansichten Veranlassung gebenden Aeußerungen umsomehr zu warnen, als die Lehre des Antigonos des Sochiten von seinen Schülern Zadok und Boethus falsch aufgefaßt wurde und heillosen Schaden angerichtet hatte. Mit dem Worte „Majim horaim" wollte er wohl falsche antijüdische Ansichten bezeichnen. Dies erhellt auch aus (Abot dr. Nathan 11) dort heißt es: Esehu majim haraim, hawe omer wajisarwu bagojim wajilmedu maasehem.

Uns will es auch bedünken, daß R. Akiba seine drei Collegen Ben Asai, Ben Soma und Acher, als er ihnen ermahnend zuge-rufen: „Wenn ihr zu dem reinen Orte von Marmor kommen werdet, so rufet nicht Majim Majim Wasser Wasser; denn der Lügenred-ner hat vor Gott keinen Bestand," blos vor falschen, vielleicht gar gnostischen Ansichten warnen wollte.

2*

4 p. 68.) zeichnete sich trotz seiner hohen Abkunft durch seltene, ja sprichwörtlich gewordene Bescheidenheit und Anspruchslosigkeit vortheilhaft aus. Er galt allgemein als das Bild und Muster der Bescheidenheit, Sanftmuth und Gottvertrauen, da ihn weder die ihm zuweilen in kühnster Frechheit zugefügte Beleidigung in Extase, noch die gräßlichsten Unglücksfälle in Verzweiflung zu bringen vermochten. Mit einem hohen Grade von Selbstverleugnung beantwortete er einst die lästigen und kindischen Fragen zweier Leute, die es versucht haben, ihn zu reizen, und in seiner Ehre und Würde auf die empfindlichste Weise zu verletzen, um ihn einmal im Zorne sehen zu können, was ihnen jedoch durchaus nicht gelingen konnte. (Vgl. Sabbath 31. a.) Daselbst werden auch folgende interessante Thatsachen mitgetheilt: Ein Proselyte kam einst zu Schamai und sprach ihn mit folgenden Worten an: Mein Herr, wärest du nicht geneigt mich mit sämmtlichen Grundprincipien der Thora in der kurzen Zeit als ich auf einem Fuße zu stehen vermag, vertraut zu machen? Mach, daß du fortkommst, schrie er wüthend und wies ihn zur Thür hinaus. Diese barsche Abfertigung vermochte aber durchaus nicht den Proselyten von seinem Vorhaben abwendig zu machen. Er verfügte sich vielmehr zu dem milden sanftmüthigen Hillel und machte ihm denselben Vorschlag. Hillel aber nahm den Proselyten recht freundlich auf und ertheilte ihm in seiner Sanftmuth folgende Antwort: „Was dir nicht angenehm ist, füge deinem Nebenmenschen nicht zu." Das ist die ganze Thora, alle andern Vorschriften sind eine Folge dieser, gehe hin und lerne sie. Ein Anderer kam und sprach: Wenn ich Hoherpriester werden könnte, würde ich sofort geneigt sein in das Judenthum einzutreten. Schamai wies ihn barsch und entschieden zurück; er kam zu Hillel und dieser sprach: Mein Sohn wir wollen es versuchen, nur mußt du dich erst unterrichten lassen. Und als sie zu der Stelle kamen, in der es heißt, daß Nichtpriestern das Betreten der heiligen Stätten bei Todesstrafe verboten sei, da dachte sich der Proselyte: Wenn nicht jedem geborenen Israeliten priester-

liche Functionen zu verrichten gestattet werden darf, wie soll
dies mir erlaubt werden können, und er zog seinen Antrag zu=
rück. Ein Dritter kam und sprach: Ich bin wohl geneigt in das
Judenthum aufgenommen zu werden, nur will ich von der
schriftlichen Lehre (Tradition) nichts wissen. Schamai wies ihn
entschieden zurück, nun ging er zu Hillel dieser nahm ihn
freundlich auf und fing ihn an zu unterrichten. Am ersten Tage
lehrte er ihn die Reihenfolge der Buchstaben, am zweiten Tage
aber die Buchstaben in einer verkehrten Reihenfolge. Warum
lehrst du mich heute ganz anders als gestern, rief der Proselyte
verwunderungsvoll aus Gestern hast du, entgegnete Hillel,
meinem Vortrage deine ganze Aufmerksamkeit geschenkt, so schenke
mir weiter Vertrauen für das was nicht niedergeschrieben wurde,
weil es für die Erklärung der schriftlichen Lehre unentbehrlich
ist. Nur der Sanftmuth Hillels, riefen sich dann später diese
Männer zu, haben wir es zu verdanken, daß wir in das Juden=
thum aufgenommen wurden, während Schamai's Starsinnigkeit
uns den Eingang in das Heiligthum versperrt hätte. (ibid.)

Auch seiner Familie wußte Hillel ein unerschütterliches
Vertrauen auf Gott einzuflößen, auf daß auch sie nicht in trüben
und düstern Tagen, wo finstere und grauenvolle Gewitterwolken
den Horizont ihres Lebens verdunkeln, verzweifle; denn als er
einst, wahrscheinlich von einer Reise heimkehrend, in der Nähe
der Stadt ein furchtbares mark= und beinerschütterndes Jammer=
geschrei vernommen hatte, rief er aus: Ich bin dessen gewiß,
daß diese herzzerreißenden Töne nicht in meinem Hause vernommen
werden, da man in seinem Hause bei etwaigen Katastrophen
nicht gejammert, sondern alles mit Geduld und Resignation er=
tragen hatte. (Berach. 60.) Sein Wissensdurst war schon früh=
zeitig so groß, daß er Babylonien, wo seine Familie seit langen
Zeiten wohnte, verließ, sich von seinem Bruder, der ihn unter=
stützte (Sota 21.) trennte, und nach Jerusalem, wo die berühmten
Lehrer Schemaja und Abtalion segensreich wirkten, ging, um
daselbst die Vorträge genannter Lehrer fleißig besuchen zu können.

Ohne Vermögen wie ohne jede Protection hatte er in Jerusalem mit Mangel und Noth mannigfacher Art zu kämpfen und zu ringen. Um sich erhalten und ernähren zu können, mußte er vom Tagelohn sein Leben fristen. Nichtsdestoweniger gab er die Hälfte seines täglichen Verdienstes dem Pförtner des Lehrhauses, damit er ihm des Nachts den Eingang in dasselbe gestatte. Eines Tages jedoch, es war nämlich am Rüsttage des Sabbats und im Hochwinter, war er nicht in der Lage dem Thorhüter der Academie die übliche Taxe verabreichen zu können. Er bat den Pförtner um Einlaß, jener aber war hartherzig und unerbittlich genug, dem armen Hillel kein Gehör zu geben.

Hillel aber, der um keinen Preis den Vortrag verabsäumen wollte, stieg auf das Dachfenster um von da aus die Worte der Weisen genau anzuhören Das Studium der Gotteslehre hatte für ihn eine solche Anziehungskraft, daß er in seinem großen Eifer und in seiner unaussprechlichen Wißbegierde gar nicht merkte, daß eine Schneelage ihn drei Ellen hoch bedecke. Des Morgens lag er ganz erstarrt und leblos auf dem Fenster. Als die beiden Lehrer den Lehrsaal betraten, rief Schemaja dem Abtalion zu: Der Himmel scheint von Wolken bedeckt zu sein, da es hier so dunkel ist. Bald darauf aber erblickten sie eine Gestalt. Sofort eilten sie auf das Dach, räumten eine dichte Lage Schnee weg und riefen aus: Wahrlich dieser verdient es, daß seinetwegen selbst der Sabbath entweiht wird. Sie reichten ihm Labung und gaben sich alle erdenkliche Mühe, um ihn zu retten. (Joma 35.)

Als jedoch später die beiden Synhedrialpräsidenten Schemaja und Abtalion von dem Schauplatze ihrer segensreichen Thätigkeit abberufen wurden, scheint das Studium der Lehre sich keines besondern Aufschwunges erfreut zu haben, denn die Nachfolger genannter Präsidenten hatten keine selbstständige Meinung, tradirten blos das Ueberlieferte, und so oft irgend eine Tradition ihrem Gedächtnisse entschwunden war, befanden sie sich in größter Verlegenheit.

Einst fiel der Rüsttag des Pesachfestes auf einen Sabbath.
Da wurde ihnen die Frage vorgelegt, ob das Pesachopfer am
Sabbath dargebracht werden darf. Im ersten Momente wußte
Niemand Bescheid zu geben. Ist denn keiner da, der einst die
Vorträge Schemajas und Abtalions gehört hatte, riefen sie in
ihrer rathlosen Situation aus? Ja, ließ sich eine Stimme ver=
nehmen ein Babylonier, namens Hillel ist da, der einst mit
heißem Bemüh'n, günstigem Erfolge und seltener Ausdauer die
Vorträge genannter Lehrer gehört hatte. Kaum wurde Hillel
herbeigerufen, als er über dieses Thema einen äußerst gediegenen
Vortrag gehalten und durch scharfsinnige Gründe*) gezeigt hatte,
daß es gestattet sei, das Pesachopfer am Sabbathe darzubringen.
Er schloß seinen Vortrag mit den Worten: „So habe ich es
gehört von Schemaja und Abtalion.” Die Folge dieses beifällig
aufgenommenen Vortrages war, daß Hillel von der ganzen Ver=
sammlung mit Acclamation zum Nassi, Präsidenten, ernannt
wurde. Er selber aber konnte nicht umhin tadelnd auszurufen: Was
hat Euch veranlaßt und genöthigt, einen Babylonier zum Präsi=
denten wählen zu müssen! Nichts anderes, als Euere Trägheit,
da ihr es verabsäumt habet die Vorträge Schemaja's und Ab=
talions, dieser großen verdienstvollen Männer zu besuchen.

---

*) Seine diesbezügliche Deutung lautet: Das tägliche Opfer ist ein Opfer
für die Gesammtheit, und auch das Passopfer ist ein solches, das
ja für alle gilt. Wenn nun bei dem täglichen Opfer das Sabbatver=
bot nach dem Gesetze zurücktreten muß, sodann auch beim Pesach.
Ferner durch Kal wochomer: Die Unterlassung des täglichen Opfers
zieht keine Vernichtungsstrafe nach sich, und dennoch wird es am
Sabbath nicht unterlassen, um wie viel mehr muß das Pesachopfer,
dessen Unterlassung nach dem Gesetze mit der Vernichtungsstrafe be=
droht ist, auch am Sabbath dargebracht werden Endlich durch Gesera
schowa: Vom täglichen Opfer heißt es: „Es wurde dargebracht zu
seiner Zeit” und damit ist ausgedrückt, daß es auch am Sabbat nicht
unterbleiben darf Von dem Pesachopfer heißt es ebenfalls, daß es
zur Zeit dargebracht werden müsse, nun so darf denn auch das
Passopfer am Sabbat nicht unterbleiben. (Pesach 66)

24

(Pesach 66.) Die Synhedristen, denen er diesen Vorwurf ge=
macht hatte, waren die Bene Bethera, deren Betragen als eine
Hinneigung zu sadducäischen Grundsätzen betrachtet wurde. Dr.
Zipser sagte: „Hillels Erhebung ist wahrscheinlich dem Umstande
zuzuschreiben, weil das Betragen der Bene Bethera als Hinneigung
zu sadducäischen Grundsätzen betrachtet wurde.“ (Forschungen
des wissenschaftlich=talmudischen Vereines, Beilage zu B. Ch.
Nr. 18. Jhrg. 1867.)

Die Ernennung Hillels zum Nassi wurde allgemein mit
wahrer Freude begrüßt, weil das Judenthum an ihm umso=
mehr eine glückliche Acquisition gemacht, als er eine ganz neue
freisinnige Lehrweise eingeführt hatte. Seiner Ansicht zu Folge
hat ein Gesetz nur dann Gültigkeit, wenn es in der heil. Schrift
seine Begründung findet. Die damalige Schule stellte sieben Re=
geln auf, die später erweitert worden sind. Durch dieselben
wurde die mündliche Lehre methodisch geordnet und geregelt, sie
gewann einen wissenschaftlichen Charakter, und überwand die
Gefahr der Vernichtung, der sie preisgegeben war.

Diese sieben Regeln sind: Erstens „Kal wochomer“ durch
den Schluß vom Minderwichtigen zum Wichtigen und umgekehrt.
Zweitens „Gesera schawa“ durch Begriffsanalogie mit einer
anderweitigen Gesetzbestimmung. Drittens „Binjan ab mikatob
echad“ durch einen Grundsatz, der in einem Verse der heil.
Schrift ausgesprochen ist. Viertens „Binjan ab mischne Ketubim“
durch einen Grundsatz, der sich aus mehreren Versen der heil.
Schrift ergibt. Fünftens „Mikelal operat“ durch die Entgegen=
setzung des Allgemeinen und Besondern. Sechstens „Kajoze bo“
durch die anderweitigen Angaben. Siebentens „Dawor halomed
meinjano“ durch den Zusammenhang des Textes.

Von den vielen Reformen, die Hillel eingeführt hatte, ver=
dienen zwei besonders hervorgehoben zu werden, weil sie zeugen,
daß er bemüht war den Anforderungen der Zeitverhältnisse
entsprechen zu können.

Im Erlaßjahre sollten nämlich gesetzlich alle Schulden

verfallen. Allein in Folge dieser Einrichtung wurde der Credit sehr beschränkt und die Wohlhabenden wollten trotz der heil. Schrift, die die Unterstützung der Dürftigen durch Darlehen auf das Angelegentlichste empfiehlt, den armen Leuten nichts leihen. Um diesem Uebelstande entgegenarbeiten zu können, sah sich Hillel genöthigt das „Prosbul", eine gerichtliche Procedur, vermöge welcher der Gläubiger eine Ermächtigung erhielt, seine Schuld zu jeder Zeit einzufordern, einzuführen. (Schebiit 9.)

Eine zweite Einrichtung betraf die Einlösung eines verkauften Hauses in einer ummauerten Stadt. Der Verkauf durfte nach der h. Schrift das ganze Jahr hindurch mittelst Rückgabe des Geldes annullirt werden. Damit aber der neue Besitzer dies durch Abwesenheit am Ende des Jahres durchaus nicht verhindern könne, wie dies in der That so viele zu thun versuchten, erlaubte Hillel dem Verkäufer, das Geld dem Tempelschatzmeister zu übergeben, wo er dann durch Gerichtszwang in den Besitz seines Hauses gelangen kann. (Erechin 31. b.)

Die Lehrsätze, die Hillel aufstellte, zeigen ebenfalls von der edlen Gesinnung seines großen Geistes. Sie lauten: „Sei ein Schüler Ahrons, ein Freund des Friedens, ein Förderer des Friedens, ein Freund aller Menschen und ziehe sie heran zum Gesetze. Wer seinen Ruf ausbreiten will, verliert ihn. Wer nicht an Kenntnissen zunimmt, nimmt ab, wer nicht andere belehrt, verdient die Todesstrafe, und wer mit erhabener Wissenschaft Gewerbe treibt, der schwindet dahin. Wenn ich nicht für mich selbst genug bin, wer könnte es mir sonst sein? Wenn ich blos für mich allein sorge, was bin ich dann? und wenn ich nicht jetzt wirke wann denn? Sondere dich nicht ab von der Gemeinde. Vertraue dir selbst nicht bis an deinen Sterbetag. Richte deinen Nebenmenschen nicht, bis daß du in seine Situation versetzt wirst. Trage nichts Unverständliches vor, in der Erwartung, es werde am Ende denn doch verstanden werden; und sage nicht, wenn ich Zeit gewinnen werde, werde ich mich deutlicher erklären, vielleicht wirst du nie Zeit gewinnen. Der Ungebildete scheut die Sünde

nie. Der Unwissende kann nie wahrhaft fromm sein. Der Schüchterne
lernt nicht und der Aufbrausende taugt nicht zum Lehrer. Wer viel
Handel treibt, wird nicht weise. Wo es an Männern mangelt,
sei du bemüht als Mann da zu stehen. Je mehr Fleisch, desto
mehr Würmer. Je mehr Güter, desto mehr Sorgen. Je mehr
Frauen desto mehr Aberglauben; je mehr Mägde, desto mehr
Unzucht; je mehr Knechte, desto mehr Veruntreuung. Aber je
mehr Belehrung, desto mehr Lebensglück; je mehr Schule, desto
mehr Weisheit; je mehr Nachdenken, desto mehr Vernunft; je
mehr Wohlthun, desto mehr Eintracht. Wer sich einen guten
Ruf erworben, der besitzt ihn für sich, wer sich aber Kenntnisse
erworben, der hat sich das ewige Leben erworben."

Folgende von dem trefflichen Charakter seiner Gattin
zeugende Thatsache wird (Mes. Derech Erez 6) mitgetheilt.
Einst lud sich Hillel hasakan einen würdigen Collegen zu Tische.
Die gastfreundliche Frau war sofort bemüht, ein anständiges
Mahl zu bereiten. Allein in dem Momente, als sie im Begriffe
war, die Speisen aufzutragen, trat ein armer Mann weinend
an sie heran und erzählte ihr, daß er gerade seinen Hochzeits-
tag feiere, ohne jedoch das Hochzeitsmahl halten zu können.
Die edle Frau hatte nichts eiligeres zu thun, als die Speisen,
die sie eben zubereitet hatte, dem armen Manne zu geben und
frische Speisen für ihren, von ihrem Gatten geladenen Gast
vorzubereiten. Hillel, den das längere Ausbleiben seiner Gattin
befremdet haben mochte, suchte sich indessen die Zeit mit seinem
gelehrten Gaste durch wissenschaftliche Gespräche zu vertreiben.
Als nun endlich seine Gattin mit den frisch zubereiteten Speisen
erschien, fragte sie liebevoll Hillel: Meine Tochter, waren vielleicht die Speisen nicht so bald bereitet? Warum zögertest du
so lange? Nun erzählte sie ihm das Vorgefallene. Hierauf entgegnete er ihr in freudig bewegter Stimmung: „Du hast wie
ein weises Weib gehandelt."

Anfangs stand dem Hillel ein gewisser Menachem als
zweiter Präsident zur Seite. Ein Essäer von Schrott und Korn,

dem Herodes besonders gewogen war, weil er ihm frühzeitig prophezeit hatte, daß er einst König von Jerusalem sein und eine glanzvolle Regierung führen werde. Diesem Menachem schien das Amt eines Gerichtspräsidenten nicht besonders zugesagt zu haben, denn er verließ es bald, um in königliche Dienste treten zu können.

Die nunmehr erledigte Präsidentenstelle wurde dem Schamai übertragen. (Vgl. Chagiga 16.) Von Schamais Lebensgeschichte ist zwar weniger als von der seines Collegen Hillel bekannt. So viel ist gewiß, daß er äußerst strenge in der Ausübung des Gesetzes war. Er wollte sogar einmal seinen minderjährigen Sohn am Versöhnungstage fasten lassen, allein seine Freunde riethen ihm davon ab, indem sie ihn darauf aufmerksam machten, daß er als Vater verpflichtet sei, die Gesundheit des Kindes zu schonen. (Tosif. Joma 4.) An einem Hüttenfeste deckte er einmal das Zimmer ab, in welchem seine Schwiegertochter als Wöchnerin lag, damit das neugeborene Knäblein unter einem Laubdache sich befinde. (Sukkah. 28.)

Schamai hatte ebenso sein Lehrhaus als Hillel. Beide Akademien, die man gewöhnlich „Bet Hillel" und „Bet Schamai" nannte, wurden von sehr vielen wißbegierigen Schülern fleißig frequentirt. Sowohl Schamai als Hillel hatte es sich zur Lebensaufgabe gestellt, Israels höchsten Interessen nach jeder Richtung hin zu fördern. Allein während Schamai mit unsäglicher Strenge und Scrupulosität das vorgesteckte Ziel erreichen zu können glaubte, suchte Hillel durch Milde, Sanftmuth und Erleichterung die günstigsten Resultate zu erzielen. Die Ansichten beider Lehrer über die Ritualgesetze, über Rein und Unrein, über Erlaubt und Verboten, wichen stets von einander ab; aber ihre Streitigkeiten hatten, da sie frei von jeder Privatrache, aus höherem göttlichen Berufe entstanden sind, keine feindseligen Spaltungen zur Folge. (Jebamoth 14.)

Trotz seiner rigorosen Strenge und Rücksichtslosigkeit in Betreff der Ausübung der Religionsgesetze, empfahl Schamai

denn doch freundliches Entgegenkommen, Humanität und Menschen=
freundlichkeit. Seine Sprüche lauten: Dein Hauptziel sei die
Beschäftigung mit der Lehre. Versprich wenig, aber halte viel
und komme jedem Menschen freundlichst entgegen. (Abot 1, 15.)

Obschon die Strenge der schamaitischen Schule so weit
gieng, daß sie nicht einmal erlauben wollte, am Sabbath Al=
mosen zu bestimmen, selbst nicht zur Verlobung von Waisen
und für Kranke zu beten (Sabbath 12.); erlaubte sie denn doch,
ja hielt es sogar für eine Pflicht, am Sabbath Krieg zu führen.
(Sabbath 19.)

Zu den hervorragendsten Schülern Hillels gehörten Jo=
chanan ben Saccai und Jonathan b. Uziel, zu denen Schamai's
Baba b. Buta, Dositai von Jethma und Zadok. (Tosifta
Beza II Orla 2, 5 Jebamoth.)

Dem erwähnten Ben Buta ließ der grausame Herodes die
Augen ausstechen. Später jedoch ließ der Tyrann den Ben
Buta zu sich kommen und fragte ihn, wie er denn sein Ver=
gehen sühnen könnte. Ben Buta rieth ihm, den Tempel restau=
riren zu lassen. Herodes, der ohnedies trotz seiner Tyrannei
und Ruchlosigkeit um die Volksgunst buhlte, ließ den Tempel,
der 500 Jahre alt, klein und im alterthümlichen Style erbaut
war, demoliren und an dessen Stelle ein neues prachtvolles,
imposantes Gebäude aufführen, das von allen Zeitgenossen nicht
genug bewundert werden konnte. Nichtsdestoweniger wurde He=
rodes' Sterbetag vom Volke als Festtag gefeiert.

Während der Zeit, als Hillel und Schamai segens=
reich in Palästina wirkten, scheint in Egypten das Stu=
dium der jüd. Theologie sehr stiefmütterlich behandelt worden
zu sein, denn es ist aus jener Zeit außer Philo kein einziger
namhafter jüdischer Gelehrter bekannt. Selbst dem berühmten
alexandrinischen Philosophen Philo, der trotz seiner hohen Be=
geisterung für das Judenthum und seine Religion, den Lehrsätzen
der griechischen Philosophen=Schulen huldigte, schien die hebräische
Sprache nicht sehr geläufig gewesen zu sein, denn er citirt nicht

aus dem hebräischen Texte, sondern aus der so stark abweichen=
den alexandrinischen Uebersetzung, und wenn er von der Ori=
ginalsprache der heil. Urkunde redet, erwähnt er nie die hebräische,
sondern die chaldäische Sprache. Nicht blos in Egypten, sondern
auch in Babylonien, von wo aus Hillel nach Palästina kam,
und selbst in Galiläa schien man damals wenig Interesse für
theologische Discussionen gehabt zu haben. Galiläa, das später
in den Besitz der berühmten Hochschulen Uscha, Sepphoris und
Tiberias gelangte, war gerade um jene Zeit kenntnißarm, hin=
gegen streng in unbedeutenden Formen und Bräuchen. Die Gal=
liläer hatten auch eine verwahrloste und verkommene Sprache,
so daß man sie gar nicht als Vorbeter fungiren lassen wollte.
(Erubin 51 und Megilla.)

IV.

R. Gamliel der I.

Nachdem Hillel vom Schauplatze seiner Wirksamkeit ab=
berufen wurde, wurde die Patriarchenwürde seinem Sohne Si=
meon übertragen, weil diese Familie ihrer würdigen Abstammung
wegen in besonders hoher Achtung und großem Ansehen stand.
Von diesem Simeon sowohl, als von seiner Thätigkeit ist nichts
bekannt. Als Simeon das Zeitliche gesegnet hatte, wurde dessen
Sohn Gamliel der I., auch der Aeltere „hasakan" genannt, ein
Titel, der auch seinem Großvater Hillel dem I. beigelegt wurde,
zum Präsidenten des Synhedrion ernannt. Unter seiner Aegide
erhielt das Präsidium eine hohe Bedeutsamkeit, denn er mußte
zu imponiren, und sein Ansehen unter den Gelehrten zu be=
haupten. Ueberdies hatte er das Glück, unter einer milden, für
das Judenthum in hohem Grade begeisterten Regierung, nämlich
unter Agrippa I. zu wirken; denn Agrippa war bemüht, die
Sünden seines Ahnen Herodes zu sühnen. Im Talmud (Bic=
curim 4) wird erzählt, daß Agrippa sich ohne Stolz unter die

Menge, als sie die Erstlinge der Frucht unter Jubelgesängen gebracht, gemischt und seinen Korb mit Früchten selbst in's Heiligthum gebracht habe.

Ja selbst das alte Gesetz, wonach der König verpflichtet war, am Ausgange des Erlaßjahres das Deuteronomium im Tempelhofe vorzulesen, suchte er aufrecht zu erhalten. Als er jedoch einst bei seinem Vortrage zu der Stelle kam, welche lautete: „Du darfst keinen Fremden zum Könige wählen", erinnerte er sich seiner idumäischen Abkunft und brach in Thränen aus. Die anwesenden Zuhörer riefen ihm beruhigend zu: „Du bist unser Bruder", „Achina ata." (Sota 41.)

Von der Partei der Zeloten, die entschiedene Römerfeinde und daher Feinde des römisch gesinnten Agrippa waren, wurde diese den König beruhigende Aeußerung der Pharisäer als eine Heuchelei bezeichnet (Jers. Tosefta Sota 7.)

Unter der Regierung eines so wohlwollenden Monarchen wirken zu können, verdiente ein Glück genannt zu werden. Daß R. Gamliel im hohen Ansehen bei der Regierung gestanden, kann aus folgender talm. Erzählung zur Genüge entnommen werden: Ein Königspaar wußte betreffs des Passalammes keinen Bescheid. Der König ließ daher bei der Königin, diese wieder bei R. Gamliel anfragen, worauf der Talmud bemerkt: Sieh, wie die ganze königliche Tafel von dem Ausspruche des R. Gamliel abhängig ist. Nimzaat kol haseuda teluja berabon Gamliel. (Pesach 88.)

Das Schaltjahr durfte in seiner Zeit nur mit Zustimmung des Präsidenten eingesetzt werden. Die Sendschreiben an die nahen und fernen Gemeinden gingen von ihm aus. So z. B. heißt es im Jeruschalmi Sanhedr.: R Gamliel und die Aeltesten saßen auf dem Tempelberge, vor ihnen der Schreiber Jochanan, dem R. Gamliel folgendes Sendschreiben dictirt hatte: „An unsere Brüder, die Gefangenen in Babylon, in Medien und Griechenland, hoher Friede! Wir thun kund, daß die diesjährigen Lämmer noch zart, die Tauben noch nicht befiedert wie über=

haupt die Frühlingszeit noch nicht gekommen, daher es mir und meinen Collegen gefiel, das laufende Jahr um dreißig Tage zu verlängern."

Troz seiner Achtung, die R. Gamliel im höchsten Maße genoß, war er nicht im Stande, die tumultuarischen Excesse, die im Tempel von Zeloten und Parteigängern gar oft in Scene gesezt worden, niederzudrücken, das Synhedrion sah sich daher genöthigt, ungefähr vierzig Jahre vor der Zerstörung aus der Quaderhalle auszuwandern, um auf der sogenannten Kaufhalle seine Sitzungen abhalten zu können. (Sabb. 15.)

Die Parteiwuth der Sadducäer und Pharisäer war so groß, daß das Synhedrion es für gerathen fand, Jerusalem ganz zu verlassen, und nach Jamnia zu übersiedeln. (Rosch hosch. 31, Sanhedr 41.) Hier war des Präsidenten erste Aufgabe, den Gottesdienst in der Synagoge zu ordnen und zu regeln. R. Gamliel ließ durch Rabbi Simeon Pekuli die achtzehn Benedictionen redigiren. Bei dieser Gelegenheit äußerte R. Gamliel den Wunsch, eine Gebetsformel gegen die Minäer, Verleumder, Verräther und Angeber, die das Judenthum bei den Römern auf die niedrigste Weise herabzuwürdigen suchten, abzufassen und einzuschalten, welches Geschäft Samuel der Kleine übernahm (Berach. 29), der jedoch nach einem Jahre die von ihm selbst verfaßte Formel vergessen hatte. Wahrscheinlich hatte er seinem Wahlspruche gemäß: „Wenn dein Feind fällt, freue dich nicht" (Abot 4, 19), es selbst unterlassen, die Minäer zu verwünschen.

R. Gamliel traf auch sehr heilsame Einrichtungen, um so viele eingeschlichene Mißbräuche abschaffen zu können. Bis zu seiner Zeit war es einem Ehegatten, der seiner Frau den Scheidebrief zugeschickt hatte, gestattet, ihn bei der ersten besten Gelegenheit zu widerrufen. R. Gamliel erklärte diese Verfahrungsweise für unerlaubt, weil hiedurch sehr leicht Familienverlegenheiten entstehen könnten. (Gittin 32.) Ebenso verordnete er, daß in dem Scheidebriefe die sämmtlichen Namen der Personen und des

Ortes deutlich angegeben werden, um die Identität nicht zweifel=
haft zu lassen. Selbst die Zeugen mußten deutlich ihre voll=
ständigen Namen hinschreiben. (Ibid. 34.) Nicht minder war er
darauf bedacht, die Witwen vor der Willkür der Erben zu
schützen, indem er verordnete, daß es genüge, durch ein von den
Erben vorzuschreibendes Gelübde den Nichtempfang des Verschrie=
benen zu erhärten, weil man der Heiligkeit der Gelübde trauen
dürfe. (Jost Gesch. der Jud I 283.)

Schließlich sei noch erwähnt, daß R. Gamliel erklärte,
daß auch nur ein Zeuge genüge, um den Tod des Gatten als
bestätigt annehmen zu dürfen. Gamliel war der erste Patriarch,
dem der Titel „Rabban", der Meister, beigelegt wurde.

In seiner Zeit trat Jesus, der Stifter der christlichen
Religion, auf, und suchte das Volk durch seine Lehren für das
Himmelreich zu gewinnen. Jesus, oder Jeschu, war der Sohn
eines Zimmermeisters, Namens Josef, aus Nazareth, einer kleinen
Stadt, in Niedergalliläa. Seine Mutter hieß Mirjam oder Maria.
Selbst der als conservative Katholik wie als bedeutender Ge=
lehrter bekannte Ewald nennt ihn „Jesus der Sohn Josefs"
(Vgl. dessen Christus und seine Zeit S. 146). Johannes
(Jochanan) der Täufer, Sohn der Priesters Zacharia, der mit
Jesu durch die Mutter verwandt und als ein äußerst strenger
Ascet allgemein bekannt war, glaubte in Jesu den Auserwähl=
ten, den Christos erblicken zu müssen. Er weihte ihn daher in
das Essäerleben ein, und taufte ihn beim Jordan. Wenn auch
Jesus Gelehrsamkeit nicht riesig war, da die Galiläer auf keiner
hohen Stufe der Cultur standen, so zeichnete er sich doch durch
Seelenadel, Gemüthlichkeit und Herzensgüte vortheilhaft aus.
Hillel I. scheint sein Vor= und Musterbild gewesen zu sein;
denn der hillelianische Grundsatz: „Was dir nicht recht ist, füge
deinem Nebenmenschen nicht zu", war das Grundprincip seiner
Lehren. Seine Sprüche und Lehrsätze lauten: „Wenn dir Je=
mand einen Hieb auf die rechte Wange versetzt, so halte ihm die
linke hin. Verlangt Jemand dein Kleid, so gib ihm deinen

Mantel hin. Aergert dich dein Auge, so reiße es aus und wirf
es von dir. Liebe deine Feinde, thue wohl denen, die dich hassen,
bitte für die, die dich verfolgen. Richtet nicht, so werdet ihr nicht
gerichtet; verzeiht, so wird man euch verzeihen. Seid barm=
herzig, wie euer himmlicher Vater barmherzig ist. Geben ist
seliger, denn Nehmen u. s. w.

Wenn das Christenthum, resp. dessen Lehrer, im Alterthum
wie im Mittelalter diese humanen Grundsätze beherzigt hätten,
würde die Geschichte es erspart haben, uns von Inquisitions=
tribunalen, Scheiterhaufen und Auto da fé's zu erzählen.

Der Essäersecte angehörend, hat auch Jesus gleich ihnen
den Reichthum, den crassen Mammon verpönt und verachtet.
Seine diesbezüglichen Sprüche lauten: „Selig sind die Armen,
denn ihrer ist das Himmelreich." Leichter ist es, daß ein Kameel
durch ein Nadelohr geht, als daß ein Reicher in den Himmel
kommt. Man kann nicht zweien Herren dienen, Gott und dem
Mammon."

Sowie die Essäer eine besondere Scheu vor der Eides=
leistung hatten, schärfte auch Jesus seinen Jüngern ein, nur in
äußerst dringenden Fällen zu schwören. Wie jene unverheiratet
waren, lebte auch er im Cölibate. Seine Jünger hatten sogar
eine gemeinschaftliche Casse, was ebenfalls eine Eigenthümlichkeit
der Essäer war. Selbst das Beschwören böser Geister und Dä=
mone war bei den Essäern etwas Alltägliches.

Jesus hatte keinesfalls die Absicht, an dem Judenthume
zu rütteln oder gar etwas Neues zu schaffen — denn er sagte
ja ausdrücklich: „Ich bin nicht gekommen, das Gesetz umzu=
stoßen, sondern es zu erfüllen, kein Jota darf davon aufgehoben
werden" (Sabb. 116) — sondern er wollte blos gleich seinem
schwärmerischen Meister, Johannes dem Täufer, das Volk zur
Buße auffordern und anregen, da er sich in seinem Innern für
den eigentlichen Messias, den das Volk so sehnlichst erwartete,
hielt. „Thuet Buße, denn das Himmelreich ist nahe", rief er
dem Volke zu.

3

In seiner Heimat jedoch, wo man ihn seit seiner Kindheit kannte, mußte er, nachdem er es versucht hatte, in der Synagoge zu predigen, ihn verletzende Aeußerungen anhören: „Ist das nicht der Sohn des Zimmermeister Joseph?" Jesus, dessen Sprich= wort lautete: „Der Prediger gilt in seiner Heimat am aller= wenigsten", sah sich genöthigt, Nazareth zu verlassen, um in Kapernaum mit seinen Predigten weit günstigere Resultate er= zielen zu können.

Eines Tages jedoch gab er seinen Jüngern in einer ent= legenen Gegend, am Fuße des Hermongebirges, Andeutungen von seinen messianischen Illusionen. Allein, als das Volk hievon Kunde erhielt, war es über ihn im höchsten Maße erbittert, so wie überhaupt der Umgang, den er mit niedrigem Proletariat gepflogen, allgemeines Aergerniß erregt hatte. Selbst den Essäern soll seine Verfahrungsweise nicht zugesagt haben. Da jedoch um jene Zeit durch die Schulen Schamais und Hillels die Bahn der Discussion frei gelassen war, so konnte man nicht so schnell Jemanden einer abweichenden religiösen Ansicht wegen ver= urtheilen.

Als sich aber   zur Zeit als Jesus in Jerusalem war — das Gerücht verbreitet hatte, Jesus habe sich als „Sohn Gottes" erklärt, sah man sich gezwungen, diese „Aeußerung" zum Gegenstande einer Anklage zu erheben. Judas Ischariot, ein Jünger Jesus, der zugleich sein Verräther war, wurde von der Gerichtsbehörde benützt, mit Jesu ein Gespräch anzuknüpfen, in dem Momente, als in einem Verstecke zwei Zeugen sich be= fanden, damit sie aus dem Munde Jesus selber es hören konnten, wie er sich als „Sohn Gottes" seinen Jüngern an= kündige. Die Aussage jener Zeugen genügte, um ihn als Volks= verführer und falschen Propheten anklagen und verurtheilen zu können. Am 14. Nissan wurde er vor das Synhedrion geführt. Es war dies der kleine Gerichtshof, der aus 23 Mitgliedern bestand, da nicht der Synhedrial=Präsident Gamliel, sondern der Hohepriester Joseph Kaiphas bei dieser Verhandlung als

Vorsitzender fungirte. Von dieser Gerichtsbehörde, in deren Gegenwart Jesus, wenn auch in einer zweideutigen Weise, zu verstehen gab, daß er sich für den „Sohn Gottes" halte, wurde er als Volksverführer und Gotteslästerer anerkannt und als schuldig erklärt. Die jüd. Behörde hatte aber damals nicht mehr das Recht, Jemanden verurtheilen und hinrichten lassen zu dürfen, daher übergab sie ihn dem gerade um jene Zeit in Jerusalem weilenden Landpfleger Pontius Pilatus, welcher nach einer mit Jesus vorgenommenen Verhandlung das Todesurtheil bestätigte und vollziehen ließ. In Jerusalem jedoch scheint diese ganze Geschichte nicht die geringste Sensation erregt zu haben, da die jüdischen Geschichtsschreiber Justus und Josephus, die damals blühten, nichts davon erwähnen.

Ungefähr achtzehn Jahre vor der Zerstörung Jerusalems, resp. des zweiten Tempels, starb R. Gamliel, der der Lehrer des Apostels Paulus gewesen sein soll.

Nach Angabe der Apostelgesch. 5, 34 soll Gamliel I. nach dem Tode des Stifters der neuen Sekte gegen die bedeutendsten Mitglieder derselben, die für die neue Religion Propaganda zu machen sich bemühten und daher Verfolgungen preisgegeben waren, gemäßigte Ansichten ausgesprochen haben: „Ist dieses Werk ein menschliches, sprach er, so wird es nicht bestehen, ist es aber ein göttliches, so sind alle euere Bemühungen vergeblich."

R. Gamliels Nachfolger war dessen Sohn R. Simeon b. Gamliel, ein einsichtsvoller, thatkräftiger, für sein hochwichtiges Amt im höchsten Grade begeisterter Mann, der nach der Zerstörung Jerusalems von den racheschnaubenden und blutdürstigen Römern ermordet wurde. Folgende Lehrsätze haben wir von ihm: „All meine Lebtage bin ich unter Weisen groß gezogen worden, und fand nichts besseres für den Leib als — Schweigen. Nicht das Lernen ist die Hauptsache, sondern das Thun. Wer viel spricht, bringt es zur Versündigung." (Abot 1. 17.)

V

R. Jochanan b. Saccai.

Nachdem der Tempel verbrannt, die Stadt zerstört wurde, so daß kein Stein auf dem andern blieb, die Edelsten des Volkes, so wie überhaupt ein großer Theil der Bevölkerung schonungs= los niedergemetzelt, das Synhedrialoberhaupt R. Simeon Gam= liel durch des Wütherichs grausame Hand umgebracht und der schwache Rest der einst so groß gewesenen Nation theils als Sclaven verkauft, und theils zu den Bleiwerken Egyptens oder zum Kampfe mit wilden Thieren verurtheilt wurde, schien das geistige weltbelehrende Judenthum seinem Ende entgegen zu gehen. Allein es entstand ihm in der Person des R. Jochanan b. Saccai, der umsomehr ein Römerfreund sein zu müssen glaubte, als er von der Idee durchdrungen war, daß die Aufgabe des Judenthums nicht im blutigen Kampfe mit erbitterten Feinden, sondern in der Verbreitung der erhabenen Gottesidee, in der Förderung der Cultur, Bildung und Civilisation besteht, sein Erretter und Restaurator.

Gleich seinem großen Lehrer Hillel, hatte auch er die schönsten Tugenden und Eigenschaften, die einen Volkslehrer zieren und schmücken sollen, in sich vereinigt. Nach Maim und Raschi (Sabb. 34.) soll er einer Priesterfamilie entstammt sein, was aber von Tosefot (Menach. 21.) in Abrede gestellt wird. So viel ist gewiß, daß er zu den hervorragendsten Geistern seiner Zeit gezählt und der Glanzpunkt der Gelehrsamkeit ge= nannt wurde. (Sota. 15.) Im Jerusch. Nedarim 7 wird erzählt, daß Hillel seinem Schüler Ben Saccai, der unter 80 Schülern der jüngste gewesen ist, prophezeiht hätte, er werde einst eine bedeutende Rolle im Judenthum zu spielen berufen sein. Lange Zeit vor der Zerstörung Jerusalems hatte R. Jochanan im Synhedrium Sitz und Stimme, und hielt im Schatten des Tempels in Gegenwart großer Zuhörermassen wissenschaftliche

und gottesdienstliche Vorträge. Nicht nur die Sadducäer suchte
er gründlich zu widerlegen und sie von der Leerheit, Hohlheit
und Nichtigkeit ihrer falschen Grundsätze und Principien zu
überzeugen, sondern er war auch zur Zeit der fürchterlichsten
Revolutionsstürme aus allen Kräften bestrebt, die Zeloten, die
lieber Alles auf's Spiel setzen wollten, als die Stadt gutwillig
zu übergeben, zur Unterwürfigkeit zu mahnen, um wenigstens
den Tempel retten zu können.

Es gab nämlich um jene Zeit eine Zelotenpartei in Jerusalem, die von dem Geiste des Vandalismus derart durchdrungen
war, daß sie in ihrer Zerstörungswuth oft die würdigsten und
verdienstvollsten Männer des Volkes, weil sie, um Tempel und
Vaterland retten und erhalten zu können, die Milde des Feindes
anzurufen empfohlen haben, menchlings überfielen und schonungslos niedermachten.

Diese Banditen wurden Sikarier genannt, weil sie kurze
Dolche (Sika) unter den Gewändern trugen. Einst ließ R.
Jochanan b. Saccai den Führer dieser famosen Gesellschaft
Namens Ben Batiach, der mit ihm nahe verwandt war, zu sich
kommen, um ihn auf die vergebliche Anstrengung und nutzlose
Mühe seiner Parteigänger aufmerksam zu machen. „Hab doch
Mitleid mit dem Tempel und dem Wenigen, was vom Hunger-
tod verschont geblieben ist," rief der Fromme wehmuthsvoll aus
„Ich sehe wohl ein, entgegnete ihm der Sikarierhäuptling, daß
unsere Anstrengung nicht nur vergeblich, sondern auch thöricht
und verderblich sei, allein ich besitze nicht die Kraft, die Wüthenden
zu beschwichtigen und zu besänftigen." R. Jochanan faßte daher
den Entschluß, wozu ihm besonders der beregte Sikarienführer
rieth, Jerusalem zu verlassen und ins feindliche Lager überzu-
gehen, um wenigstens Vespasian persönlich um Schonung und
Nachsicht bitten zu können. Wie aber hinüber kommen, wenn
die wüthenden Sikarier strenge Wache halten, rief R. Jochanan
wehmuthsvoll aus? Als Leiche in einem Sarge lasse dich zur
Stadt hinaustragen, entgegnete ihm Ben Batiach. R. Jochanan,

der diesen wohlmeinenden Rath für acceptabel fand, ließ sich
von seinen Schülern R. Josua und R. Elieser in der Abend-
zeit in einem Sarge, in welchem auch ein Stück verwestes Fleisch,
das einen Leichengeruch verbreitete, lag, durch die Stadt hinaustragen. Beim Stadtthore, wo die Sikarier Wache hielten, angelangt, wollten jene Zeloten Anstand nehmen, die Leiche unge-
öffnet passiren zu lassen. Allein B. Batiach, der sich ebenfalls
dem Leichenzuge angeschlossen hatte, rief ihnen warnend zu:
„Versündigt euch ja nicht an der Hülle des von ganz Israel
hochverehrten und nunmehr tiefbetrauerten frommen Lehrers!"
Dieser Mahnruf genügte und der Conduct konnte anstandslos
weiterziehen. Als R. Jochanan sich dann dem Feldherrn Vespasianus vorstellte, wurde er von ihm, dem er prophezeit haben
soll, daß er einst römischer Kaiser werden wird (Gittin 56)
aufs freundlichste empfangen. R. Jochanan, der wohl einsah,
daß der Fall Jerusalems unvermeidlich sei, stellte bescheiden die
Bitte, man möge ihm erlauben in Jabne (Jamnia) ein Lehrhaus zu gründen. Vespasian, der wohl kaum geahnt haben
mochte, daß durch die Gründung einer harmlosen Schule in
Jamnia das geistige ideale Judenthum aus seinen Trümmern
sich erheben und mit verjüngter Kraft das Römerthum Jahr-
tausende überdauern werde, gewährte ohne weiters dem frommen
Rabbi seinen Wunsch. (Gittin ibid.)

In Jerusalem selbst war um jene Zeit die Entsittlichung
so groß, daß R. Jochanan sich genöthigt sah zu beschließen, daß
man keiner des Ehebruches beschuldigten Frau mehr bittere
Wasser zu trinken gebe. In Jamnia, dem neuen Schauplatze
seiner überaus segensreichen Wirksamkeit, wurde ihm die Patriarchenwürde verliehen, da Gamliel II., Sohn des Märtyrers
R. Simeon b. Gamliel, noch zu jung war, um dieses hochwichtige und durch die mittlerweile eingetretene Katastrophe so
schwierig gewordene Amt bekleiden zu können.

In Jamnia, das durch R. Jochanan nunmehr der Sitz
der gesetzgebenden Versammlung geworden, entwickelte er eine

staunenswerthe Thätigkeit, um das geistige, religiöse und moralische Judenthum erhalten zu können. Jamnia, der Sitz des gesetzgebenden Körpers, erklärte R. Jochanan auch für den Fall einer Ortsveränderung, als die Stellvertretung des einstigen Synhedrions, womit auch so manche Vorrechte verbunden waren.

Viele Veränderungen, die aus jener Zeit stammen, werden ihm zugeschrieben. Wir wollen hier blos das eine erwähnen, daß er der Synagoge zu Jamnia das Recht ertheilte, am Neujahrstage, selbst wenn er auf einen Sabbath fiel, das Horn blasen zu lassen.

Sehr geistreich sind seine Erläuterungen der h. Schrift. Den Vers im (5 B M. 27. 6.) erklärte R. J. mit „Friedenssteinen." Das Gesetz, einem hebräischen Sclaven, der im siebenten Jahre nicht freiziehen wollte, das Ohr zu durchstechen, erklärte er auf folgende Weise: „Das Ohr, das am Sinai gehört hatte die göttlichen Worte: „denn mir sind die Kinder Israels leibeigen," wird, wenn der Knecht diesem göttlichen Ausspruche zuwiderhandelt, indem er der Leibeigene eines Leibeigenen aber nicht Gottes werden will, deshalb durchbohrt, weil es sich jenes göttlichen Ausspruches hätte erinnern sollen." (Kid. 22.) Beim Viehdiebstahl wird in der h. Schrift für einen Ochsen das Fünffache, und für ein Lamm nur das Vierfache als Strafe festgesetzt. Dies sucht R. Jochanan b. Saccai dahin zu erklären, daß das Gesetz beim Verbrecher Rücksicht auf die Würde nahm, denn derjenige, der einen Ochsen stiehlt, führt ihn fort, ohne dabei irgend eine schwere ihn erniedrigende Last zu haben, während derjenige, der ein Lamm stiehlt, sich dabei zum Lastträger erniedrigen müsse. (Mechilta Mischp. 59.)

Die Beschäftigung mit der Interpretation der Schöpfungsgeschichte und des Gotteswagens wollte R. Jochanan nicht sogleich gestatten, da seiner Ansicht zufolge hiezu der höchste Grad der Weihe erforderlich sei. Im Talmud (Chag. 14. b.) wird hierüber folgendes mitgetheilt: Einst ritt unser Lehrer R. Jochanan b. Saccai auf einem Esel und hinter ihm ritt sein Jünger

R. Eliezer b. Arach. Rabbi! rief letzterer ihm zu: lehre mich einen
Abschnitt aus der Merkaba (Kosmologie). Habe ich denn euch
nicht gelehrt, entgegnete der fromme Rabbi, daß man dem
Einzelnen von der Merkaba nichts vortragen dürfe, es sei denn,
daß derselbe fähig ist aus sich selbst zu schöpfen ele im ken
hoja Chacham mebin midaato? Nun so erlaube mir, erwiderte
der Schüler, dir einen Satz zu wiederholen, den du selbst mir
vorgetragen hast. So sprich antwortete der Rabbi und stieg
sogleich vom Esel hinab, umhüllte sich unter einem Oelbaum
auf einen Stein. Verwundert rief der Schüler aus: Rabbi
warum bist du abgestiegen? Wie, entgegnete der Rabbi, wenn
du über die Merkaba vorträgst, die so heilig ist, daß die
Schechina während des Vortrages bei uns weilt und die Dienst=
engel Malache hascharet herbeieilen, soll ich auf dem Esel sitzen?
Hierauf eröffnete Eliezer seinen Vortrag und sofort kam ein
Feuer vom Himmel und umgab alle Bäume des Feldes und
diese begannen das Loblied (Ps. 148.) zu singen und aus dem
Feuer ertönte die Stimme eines Engels, welcher rief: Ja, ja,
das ist die Merkaba hen hen Maasch hamerkaba! Hierauf er=
hob sich R. Jochanan und küßte den Eliezer aufs Haupt und
sprach: Gelobt sei der Ewige, der Gott Israels, der unsern
Vater Abraham mit einem Sohne beglückte, der die Fähigkeit
besitzt über die Merkaba nachzudenken, zu forschen und vorzu=
tragen. Mancher trägt gut vor, weiß es aber nicht gut an sich
selbst anzuwenden, mancher weiß es wieder ja gut an sich selbst
anzuwenden, versteht aber nicht gut vorzutragen; du aber trägst
trefflich vor, und weißt es auch gut anzuwenden ata naeh
doresch wenaeh mekajem. Heil dir unser Vater Abraham, daß
ein Eliezer b. Arach dein Abkömmling ist. Auch von R. Josua
und R. Jose, die ebenfalls zu den vorzüglichsten Schülern
R. Jochanans gehörten, wird daselbst erzählt, daß sie ähnliche
Vorträge gehalten, die sich des Beifalls R. Jochanans zu er=
freuen hatten.

Im Jeruschal. (Chagiga 2.) wird von drei besonders

erzählt, daß sie in ihren Forschungen über die Merkaba glücklich waren und zwar von R. Jchoschua, R. Akiba und R. Chananja b. Chakinai.

Oefters suchten Heiden R. Jochanan dadurch Verlegenheiten zu bereiten, indem sie höchst eigenthümliche Fragen an ihn richteten. Einst machte ihm ein Heide folgenden Vorwurf: Ihr erscheint oft mit vielen eurer Ceremonien wie Zauberer. So z. B. schlachtet ihr eine junge Kuh, verbrennt sie, zerstoßet sie, sammelt die Asche, wer dann die Asche berührt, wird unrein, und den Unreinen bespritzt ihr mit Wasser, und so wird er rein. Hierauf antwortete R. Jochanan: Warst du schon einmal von einem bösen Geist besessen? Nein, entgegnete Jener. Hast du noch keinen vom bösen Geiste besessenen Menschen gesehen? O ja, erwiederte der Heide, solche zu sehen, habe ich schon öfters Gelegenheit gehabt. Und wie werden die bei euch frei gemacht? Wir nehmen verschiedene Kräuter, räuchern sie, gießen Wasser darauf und der böse Geist entflieht. Nun denn dieselbe Bewandtniß, entgegnete R. Jochanan, hat es mit dem Unreinen. Er ist für uns wie ein vom bösen Geiste Besessener, man bespritzt ihn mit Wasser und der böse Geist entwischt. Unser Lehrer, riefen ihm seine Jünger zu — nachdem der Heide sich entfernt hatte, jenen Thoren hast du mit einem Scherze abgefertigt, aber wie wirst du uns gegenüber diese Frage beleuchten? Der freisinnige Rabbi antwortete: Nicht der Leichnam verunreinigt, nicht das Entsündigungswasser reinigt, allein Gott hat es so geboten, und dagegen zu handeln ist uns nicht gestattet. (Rabb. p. 274.)

Nachdem Jamnia durch R. Jochanans segensreiche Thätigkeit und Wirksamkeit der Mittelpunkt der jüd. Gelehrsamkeit, ja ein zweites Jerusalem geworden, wurde er — R. Jochanan nämlich — von seinem stolzen und ehrgeizigen Schüler R. Gamliel II., dem Sohne R. Simeon b. Gamliels I. und Enkel des großen Hillel, dem übrigens seiner hohen Abkunft wegen der Vorsitz gebührte, veranlaßt Jamnia zu verlassen, und nach

Berur Chajil, wohin ihm seine Schüler folgten, (Midr. Kohelet. 77.) zu übesiedeln. Dieser Ort blieb der Schauplatz seiner regen Thätigkeit bis an sein Lebensende.

Bevor er in den Armen seiner treuen Schüler seine große Seele aushauchte, segnete er sie mit folgenden bedeutungsvollen Worten: „O, daß die Gottesfurcht euch stets in allen eueren Unternehmungen vorschwebe, wie die Furcht vor den Menschen." R. Jochanan soll ein Alter von hundert und zwanzig Jahren erreicht haben.

Daß er trotz seiner tiefen Religiosität und wahren Frömmig= keit tolerant und milde war, beweiset seine Aeußerung, die er in Gegenwart seiner Jünger, als es sich um die Erklärung und Auslegung der Spr. 14. 34. handelte, gethan. Er sagte: So wie Israel durch Sündopfer gesühnt werde, so sühnen die Heiden ihre Sünden durch gute Werke; man müsse daher das Gute, das sie thun, als gut anerkennen. (B. B. 10.) R. Jochanan hatte auch thatsächlich stets selbst Heiden in zuvorkommendster Weise gegrüßt. (Berach. 17. a.)

Sein Wahlspruch im Leben war: Hast du viel gelernt, so thue dir selber nicht viel zu gute darauf; denn dazu bist du von Gott geschaffen. (Abot. II. 8.) Als er einst fünf seiner hervorragendsten Jünger fragte welches denn der beste Weg sei, an den sich der Mensch zu halten habe? sagte R. Eliefer: ein gutes Auge, R. Josua meinte, ein guter Freund, R. Jose*),

---

*) Wir können nicht umhin hier eine treffliche Aeußerung R. Jose's betreffs der Wucherer zu erwähnen. R. Jose sagte, heißt es im Tal= mud B. Mez. 71: Komme und sieh, mit welcher Blindheit die Wucherer geschlagen sind. Wenn Jemand von seinem Nebenmenschen beleidigt wird, indem jener ihn einen schlechten Menschen genannt, mit welch' wuthentbranntem Zorne sinnt er auf Rache, und diese Ungethüme entblöden sich nicht, indem sie Schuldscheine ausstellen, unterschreiben und von Zeugen unterfertigen lassen, sich selber als schlechte gottlose Menschen zu brandmarken, da die h. Schrift doch jeden Wucher auf das entschiedenste verpönt und perhorrescirt.

ein guter Nachbar, R. Simeon, wer in die Zukunft zu blicken
vermag, R. Eliasar aber sagte, ein gutes Herz. Hierauf bemerkte
R. Jochanan: Ich ziehe Eliasars Worte allen den eueren vor;
denn in den seinen sind die eueren alle enthalten und mitin=
begriffen. (Abot. II. 9.)

VI.

R. Gamliel der II.

Gamliel der II. war, wie schon früher erwähnt wurde,
ein Enkel Gamliels des I., der ein Enkel Hillels gewesen ist.
Diese hohe und würdige Abkunft berechtigte ihn, nachdem er
die männliche Reise erhalten hatte, zur Annahme der Patriarchen=
würde und des Präsidiums im Synhedrial=Collegium, das bis
dahin von seinem Lehrer, dem um die Förderung der jüd.
Wissenschaft so hochverdienten R. Jochanan b. Saccai, tact= und
würdevoll bekleidet wurde.*)

Nebst seinen Reichthümern und Gütern besaß Gamliel
der II. auch mathematische Kenntnisse und sonstige weltliche
Bildung, daher er auch bei den römischen Statthaltern in hohem
Ansehen stand, von denen er sogar in seinem Amte die Be=
stätigung erhalten hatte. (Eduj. VII. 7.) An der Wand seines
Studierzimmers hingen Wandtafeln, die die Mondphasen zeigten,
und die er beim Verhör der Zeugen, durch die der Neumond
verkündigt werden sollte, gebrauchte, um sich von der Richtigkeit
ihrer Aussagen überzeugen zu können. Unter seinem Vorsitze
bildete sich ein Synhedrion von 70 Männern, unter denen die
bedeutendsten Autoritäten jener Zeit, wie R. Eliezer b. Hirkanos,

---

*) Aus Gittin 56 ist zu entnehmen, daß auch über dem Haupte R.
Gamliel II. das Damoklesschwert schwebte und es nur der warmen
Befürwortung R. Jochanans gelungen ist, Vespasianus zu beschwichtigen.

Schwager R. Gamliels, und R. Josua b. Chananja ihren Sitz hatten.

R. Gamliel bekleidete das Amt eines (Nassi) Vorsitzenden, und R. Josua b. Chananja das eines (Ab-bet-Din.) Stellvertreters. Da um jene Zeit solche gewaltige Meinungsdifferenzen in der Auffassung der Lehre herrschten, daß die Zeitgenossen der Befürchtung Raum geben zu müssen glaubten, daß das Studium der Thora vernachläßigt werden, und in Verfall gerathen könnte, so war R. Gamliels Augenmerk dahin gerichtet, Einheit in der Lehre herzustellen (Tosefta Edujot), was ihm dadurch gelang, daß er die Giltigkeit einer Halacha oder eines Gesetzes von Synhedrialbeschlüssen abhängig gemacht hatte.

Jede Auflehnung gegen des Synhedrions, resp. SynhedrialPräsidenten Beschluß wurde mit dem Bann bestraft. Einst suchte R. Jose b. Tabtai die Folgerung des „Kal wachomer" (vom Leichten zum Schweren) dadurch ins Lächerliche zu ziehen, indem er folgenden Trugschluß zog: Wenn man die eigene Tochter nicht ehelichen darf, obschon der eheliche Umgang mit deren Mutter gestattet ist, wie vielmehr müßte es verboten sein, die Tochter einer andern Ehefrau zu heiraten, da doch die Ehelichung der letzteren strengstens untersagt ist. (Dorech Erez. Rabbah c. 1.) In Folge dieser ironischen Aeußerung wurde R. Jose b. Tabtai in den Bann gethan. Ebenso wurde gegen R. Elieser b. Chanoch, der es gewagt hatte, den Brauch des Handwaschens vor dem Brodgenusse zu abrogiren, schonungslos der Bann geschleudert. Dieser starb sogar im Banne. (Edujot V. 6.) R. Gamliel war in seiner ämtlichen Thätigkeit so rücksichtslos, daß er selbst gegen seinen Schwager R. Elieser b. Hirkanos wie gegen Akbja b. Mehalalel den Bann zu schleudern keinen Anstand nahm, wodurch er sich natürlich viele Feinde zugezogen hatte.*) Die Folge seiner Härte und

---

*) Nichtsdestoweniger war er tolerant und milde. Ein Scheidebrief mit heidnischen Zeugen wurde von ihm, was bis dahin nicht gestattet

unsäglichen Strenge war, daß selbst seine ihm nahe gestandenen Synhedrial=Collegen gegen seine Maßregeln ihre höchste Un= zufriedenheit an den Tag zu legen den Muth hatten.

Als er einst, nach Aussage zweier Zeugen, die von jedem Verdachte nicht frei zu sprechen waren, den Kalender geordnet, die hohen Feier= und Festtage sowohl als den Versöhnungs= tag festgesetzt hatte, fand R. Josua b. Chananja diese Anordnung für unrichtig und nahm auch keinen Augenblick Anstand, den Patriarchen seines Irrthums zu überzeugen, worin ihm auch Chanina b. Dosa, ein allgemein hochgeachteter Lehrer, voll= kommen beipflichtete. R. Gamliel aber, der sich hoch hielt und durchaus nicht als fehlbar erscheinen wollte, ertheilte dem R. Josua b. Chananja den Befehl, an dem Tage, den er, B. Chananja nämlich, nach seiner Berechnung für den eigent= lichen Versöhnungstag hielt, vor ihm in den Alltagskleidern mit Stab, Reisetasche und Geldbeutel zu erscheinen. R. Josua, über eine solche ihn tief verletzende Zumuthung höchst entrüstet, machte Anfangs Miene, dem Verlangen des Patriarchen umso= mehr entschieden entgegentreten zu wollen, als er durchaus nicht geneigt war sich eine derartige Demüthigung gefallen zu lassen. Allein Ben Dosa, mit dem er zuvörderst hierüber Rücksprache gepflogen, rieth ihm, sich gegen den Patriarchen ja nicht auf= zulehnen, sondern vielmehr ihm Folge zu leisten, selbst wenn er im Irrthume ist, weil sonst alle bis nun getroffenen Ent scheidungen der Drei=Männer=Gerichte in Frage gestellt werden

war, für giltig und rechtskräftig erklärt. (Gittin I, 5.) Um einer Witwe die Wiederverheiratung gestatten zu können, erklärte er die Aussage eines einzigen Zeugen, welcher angibt, daß der Gatte todt sei, für giltig. (Jeb. 122.) Einst besuchte R. Gamliel ein Badhaus, in welchem eine Aphrodite stand. Als ein Philosoph ihn hierüber zur Rede stellte, entgegnete er: Die Bildsäule ist ja nicht zum Götzen dienste, sondern blos zur Zierde angebracht Wäre es daher nicht lächerlich, wenn ich deshalb das Bad meiden möchte? (Abod. Sara III, 4.)

könnten. Die Autorität des „Nassi" müsse unter allen Um ständen gewahrt werden. (Rosch. hosch. II. 8. 9.)

Mit einer Resignation und Unterwürfigkeit sondergleichen erschien R. Josua an dem Tage, den er nach seiner festen Ueberzeugung für den eigentlichen Versöhnungstag hielt, vor R. Gamliel in den Alltagskleidern mit dem Stab, der Reise= tasche und dem Geldbeutel in der Hand. Tief gerührt über einen solchen, von einem hohen Grade von Selbstverleugnung zeugenden Gehorsam konnte R. Gamliel nicht umhin, ihn zu umarmen und auszurufen: Herzlich willkommen mein Lehrer und Schüler, mein Lehrer an Weisheit, mein Schüler an Ge= horsam. (ibid.)

Trotz dieser Versöhnung gerieth R. Gamliel denn doch gar bald mit R. Josua in einen heftigen Streit, wobei R. Gamliel sich vom Zorne so weit hinreißen ließ, daß er dem R. Josua, obschon dieser sich der allgemeinen Hochachtung und Liebe zu erfreuen hatte, zurief: „Stehe auf, daß Zeugen wider dich aussagen mögen," das hieß so viel als ihn auf die An= klagebank versetzen. Er ließ ihn stehen und setzte seinen Vor= trag fort.

Diese Verfahrungsweise des Patriarchen wirkte auf die Anwesenden höchst deprimirend. Sie sahen sich daher genöthigt das Benehmen R. Gamliels nicht nur zu tadeln, sondern mit Indignation entschieden zurückzuweisen. Ja R. Gamliel wurde in Folge dessen sogar seines Amtes enthoben und mußte die ihn demüthigenden Rufe hören: „Wie lange noch soll man deine Härte empfinden?"

Als es sich in Folge dieser Degradation um die Wahl eines neuen Nassi handelte, fiel die Wahl auf den zwar damals noch sehr jungen aber sonst begüterten, durch eine hochachtbare Herkunft glänzenden und einflußreichen R. Elieser b. Azariah. Denn um dem einmal tief gekränkten und verletzten R. Gamliel nicht noch empfindlichere Beleidigungen zufügen zu müssen,

wollte man seinen Gegner R. Josua, der wohl für dieses Amt
der geeignetste Mann gewesen wäre, nicht wählen. R. Akiba,
der wohl damals schon seiner hohen Geistesgaben wegen zu den
hervorragendsten Autoritäten zählte, fand man seiner niedrigen
Abkunft wegen nicht für würdig genug, um ihm das hochwichtige Amt eines Nassi zu übertragen. R. Elieser gab jedoch
vor, daß er dann erst in der Lage sein werde eine entschiedene
Antwort ertheilen zu können, wenn er hierüber mit seiner Frau
Rücksprache gepflogen haben werde. Als seine Gattin jedoch der
Befürchtung Raum geben zu müssen glaubte, daß man ihn
nach kurzer Zeit wieder entsetzen werde, entgegnete er ihr:
Wenn ich nur einmal aus dem hellen Kryftall getrunken habe,
so mag er nachher zerbrechen. R. Elieser nahm die ihm angebotene
Nassiwürde an und ließ sofort die Hallen des Lehrhauses, die
bis dahin nur Gesinnungsgenossen des R. Gamliel geöffnet
waren*), für Jedermann öffnen, und die Folge davon war, daß
das Lehrhaus in allen seinen Räumen stets dicht gefüllt war.
(Berach. 27. und 78.)**)

R. Gamliel der wohl innerlich ob der ihm zugefügten
Beleidigung tief gekränkt gewesen sein mochte, gab an dem
Tage der Einsetzung des R. Elieser umsomehr sprechende Be-
weise von seiner hohen Bescheidenheit und Uneigennützigkeit, als
er sich bei den Vorträgen des R. Elieser pünktlich eingefunden,
und den Beschlüssen der Mehrheit, seinen früheren Principien
gemäß, Anerkennung gezollt hatte. Ja er fühlte sogar innerlich

---

*) R. Gamliel scheint in dieser Beziehung Schamais Ansicht gehuldigt
zu haben, denn auch dieser sagte: „Man möge nur einen würdigen
Schüler belehren", während Hillel die Gedanken- und Redefreiheit
durchaus nicht beschränkt wissen wollte. (Abot de R. Nathan 2.)

**) Wie sehr sich R. Elieser b. Azaria die Hochachtung seiner Zeitge-
nossen zu erwerben gewußt, beweist der Ausspruch R. Josuas: „en
dor jatom das Zeitalter eines R. Elieser's verdient nicht „verwaist"
genannt zu werden. (Chagiga 3.)

ob der früher gebrauchten allzugroßen Strenge tiefe Reue und verfügte sich zu jenen, die er besonders seine Härte rücksichts= los fühlen ließ, um sie um Vergebung anzugehen. —

Als er seinen Hauptgegner Josua, der ein Nagelschmied von Profession gewesen, besuchte, begrüßte er ihn mit den Worten: Die geschwärzten Wände deines Hauses zeugen, daß du ein Schmied bist, der bei Kohlengluth arbeitet. Traurig genug, entgegnete ihm Josua, daß du dies erst jetzt erfährst. Wehe der Generation, deren Vertreter du bist, denn du hast gar keinen Begriff von den namenlosen Leiden und drückenden Nahrungssorgen, denen die Weisen preisgegeben sind. (ibid.) R. Gamliel erwiderte: Ich gestehe ein, daß ich dir Unrecht gethan habe, nichtsdestoweniger glaube ich denn doch der Erwartung Raum geben zu dürfen, daß du mir die dir zugefügten Be= leidigungen verzeihen werdest. R. Josua schwieg. So thue es, fügte R. Gamliel hinzu, wenigstens der Ehre meines großen Vaters willen! Diese Worte genügten, und Rabbi Josua zeigte sich nicht nur versöhnlich, sondern begann sogar für ihn Propaganda zu machen, um seine Wiedereinsetzung zum Nassi durchsetzen zu können.

Als es sich darum handelte R. Elieser b. Azariah zur Resignation zu Gunsten R. Gamliels zu bewegen, zeigte sich R. Akiba erbötig diese heikle Mission zu übernehmen, was ihm umso leichter zu erfüllen gelang, als R. Elieser eine sanfte, bescheidene, anspruchslose, zur Nachgiebigkeit höchst geneigte Persönlichkeit war. R. Elieser versprach sogar, dem R Gamliel wie seinem Collegium den Ehrenbesuch abzustatten. Man ließ jedoch gegen den sanften, würdigen, charactervollen R Elieser so viel Rücksicht walten, daß man ihn, um ihn nicht ganz in den Hintergrund treten zu lassen, zum Präsesstellvertreter ernannte, während R. Gamliel wieder mit Acclamation zum Präses gewählt wurde, jedoch mit der Modification, daß R. Gamliel den Vorsitz je zwei Wochen und R. Elieser je die dritte Woche inne habe. (Berach. ibid.)

Von dieser Zeit an hörten alle Streitigkeiten im Syn=
hedrialcollegium auf, und R. Gamliel blieb bis an sein Lebens=
ende in ungestörter Ruhe in seinem Amte.

Wir haben bereits oben vorübergehend erwähnt, daß unter
dem Vorsitze des Synhedrialoberhauptes R Gamliel II. nur
Gesinnungsgenossen der Eintritt in das Lehrhaus gestattet wurde.
Die diesbezügliche Anordnung lautete: Kol talmid scheen tocho
kebaro lau jichnas lebet ha Midrasch. Jedem Jünger, dessen
inneres Wesen nicht seinem Aeußern entspricht, sei der Eintritt
ins Lehrhaus verboten (Berach 28.) Wahrscheinlich gab es
unter den Jüngern R. Gamliels manche, die ihm allerdings
auf die ehrerbietigste Weise begegnet sind, während sie ihn
hinterrücks zu verdächtigen und zu verunglimpfen suchten. Es
ist auch möglich daß er bei dieser strengen Anordnung blos die
Minäer, Judenchristen, Leute, die theils öffentlich, theils heimlich
vom Judenthum abgefallen und Bekenner der neuen Religion
geworden sind, im Auge hatte, da diese Sektirer aus allen
Kräften bemüht waren, unter den Juden für ihre Sache Pro=
paganda zu machen. Höchst gewagt aber erscheint die Ansicht Dr.
Moriz Friedländers in seiner trefflichen Schrift (Patristische und
talm. Studien S. 78), daß R. Gamliel II. diese Strenge deshalb ge=
brauchte, um sich von dem Verdachte ein Minäer zu sein, zu reinigen,
da unseres Dafürhaltens nicht R. Gamliel der II. sondern R. Gamliel
der I. es war, der sich nach Angabe der Apostelgesch. in milder
Weise gegen die Minäer geäußert hätte. Eben so klar und
deutlich ist aus Semachot 10 ersichtlich, daß nicht R. Gamliel
der II. sondern R. Gamliel I. hasaken die Gebetsformel
welamalschinim verfassen ließ. Schon der Umstand, daß
R. Gamliel I., der 18 Jahre vor der Zerstörung des Tempels
das Zeitliche gesegnet, dem Samuel hakaton. der nach Sanh.
11 ein Schüler Hilles I. gewesen, die Leichenrede gehalten hatte,
beweist zur Genüge, daß nicht R. Gamliel II. die Gebetsformel
gegen die Minäer verfassen ließ (vgl. Joachsin von Abr. Sakuti
Art. Samuel hakaton und Simeon Hapakuli.) Und wenn wir

4

auch) bereitwilligst zugeben würden, daß R. Gamliel II. es war, der dem Samuel hakaton den Auftrag ertheilt hatte, die Verwünschungsformel gegen die Minäer abzufassen, so könnten wir uns doch nicht damit einverstanden erklären, daß er es in der Absicht gethan, um sich von dem Verdacht ein Minäer zu sein, zu reinigen — denn hiezu war kein Grund vorhanden — sondern er that es einerseits aus Haß gegen die Apostaten Minäer, die ihre eigenen Stammgenossen durch gemeine, lügenhafte Denunciationen bei den Römern zu verdächtigen suchten und andererseits um hiedurch die Gesinnungen seiner Schüler prüfen zu können; denn derjenige, der die Verwünschungsformel zu sprechen unterlassen hatte, kam in den Verdacht heimlich ein Minäer zu sein

Jedenfalls ist aus dieser talm. Stelle klar ersichtlich, daß die Verwünschungsformel ausschließlich gegen die Minäer (Verräther des Judenthums), gegen die Abtrünnigen ihrer Religion, mit einem Worte gegen diejenigen Juden, die den Glauben der Väter abgeschworen haben, nicht aber gegen das Christenthum im Allgemeinen, wie so viele Judenfeinde behaupten zu können glauben, gerichtet war. Bedenkt man übrigens, daß diese Minäer durch alle möglichen Ränke und Intrigen unabläßig bemüht waren dem Judenthum, dem sie entstammten, furchtbare Hiebe zu versetzen, so wird man auch diese Wuthausbrüche leicht begreiflich finden.

Ein nicht zu unterschätzendes Verdienst hat sich R. Gamliel um die Einführung der einfachen Leichenbestattung erworben. Der Luxus der Leichenbestattung resp. Leichengewänder, war damals so groß, daß, wie der Talmud sehr sarcastisch bemerkt, die Bestattung der Leiche oft den Verwandten mehr Leid verursachte als der Todesfall selbst. Es kam nicht selten vor, daß die Verwandten, die nicht in der Lage waren die großen Kosten bestreiten zu können und hinter der allgemeinen Sitte doch nicht zurückbleiben wollten, die Leiche unbeerdigt ließen. Diesem Unwesen ein Ende zu machen verordnete R. Gamliel, daß man ihn in leinenen Gewändern bestatte, und dieses schöne Beispiel fand bald Nachahmung (Keth. 8. Moed K. 27.)

Folgende nicht uninteressante Controverse, die R. Gamliel mit einem heidnischen Philosophen hatte, mögen gelegentlich hier erwähnt werden.

Wenn euer Gott, so rief ihm der heidnische Philosoph zu, ein eifervoller Gott ist, der keine Götzen neben sich duldet, nun warum vernichtet er sie nicht alle, anstatt dem Götzendiener mit der schrecklichsten Strafe zu drohen? Ein Fürst, entgegnete ihm R. Gamliel, hatte einst einen leichtsinnigen, liederlichen, ungehorsamen und widerspänstigen Sohn, der die Unverschämtheit besaß, seinem Hunde den Namen des Vaters beizulegen. Der Fürst gerieth selbstverständlich in heftigen Zorn, aber gegen wen? etwa gegen den Hund? gewiß nicht, sondern gegen den Sohn!

Es wäre aber, erwiderte der Philosoph, so der Herr alle Götzen vernichten möchte, keine Gefahr des Irrthums vorhanden. Ganz gewiß, replicirte R. Gamliel, aber du darfst nicht vergessen, daß diese Leute nicht werthlose Dinge, sondern die Flüsse, die Luft, das Feuer, den Mond, die Sonne und die Sterne anbeten und abgöttisch verehren. Soll der Allgütige der Thorheit dieser Verirrten wegen seine Schöpfung, dieses prachtvolle imposante, unübertreffliche Meisterwerk vernichten? Die Natur muß den Gesetzen folgen, die der Herr ihr gegeben, damit die Menschheit nicht leide; diejenigen aber, die sie mißbrauchen, werden dafür verantwortlich gemacht. —

Ein gewisser Sonau sagte zu Gamliel: Woher mag es wohl kommen, daß viele Kranke, die die Götzen besuchen, geheilt zurückkehren, obschon wir von ihrer Nichtigkeit überzeugt sind?

Höre, antwortete R. Gamliel. Wenn der Mensch von der göttlichen Vorsehung mit einer Krankheit heimgesucht wird, so verpflichtet Gott dieselbe durch einen Eid, daß sie den Menschen zu einer bestimmten Zeit oder durch Anwendung eines bestimmten Heilmittels, freigebe. Der Zufall will nun, daß sie gerade in

4*

diesem zum Götzen hingehen, um die Genesung zu erflehen.
Soll etwa die Krankheit dieser thörichten Leute wegen ihren
Schwur brechen? (Ab. Sarah 54 und 55.

In der Ausübung religiöser Ceremonien war R. Gamliel sehr
streng. Einst befand er sich gerade am Hüttenfeste auf einer See=
reise und da nahm er keinen Anstand den Betrag von tausend
Sus für einen Feststrauß zu geben um sich nur seiner diesbezüg=
lichen Pflicht entledigen zu können. (Sukka 41.) Sein Wohlthätig
keitssinn wurde allgemein gerühmt. Man nannte ihn „Vater der
Waisen." (Gittin 37.) Selbst seine Diener wurden von ihm
gleich Hausgenossen auf die liebevollste Weise behandelt. Der
Sclave wurde in seinem Hause Aba „Väterchen" und die
Sclavin Ima „Mütterchen" genannt. Berach. 16.

Einst erfuhr R. Gamliel, daß Domitian mit dem römischen
Senate auf's neue beschlossen hätten, die Juden zu bedrücken
und zu verfolgen. Sofort trat er in Begleitung seiner Collegen
R. Akiba, R. Josua, R. Elieser b. Az. die Reise nach Rom
an. Auf der Reise, die zufällig durch Stürme verzögert wurde,
ging dem Patriarchen sein Mundvorrath zu Ende. R. Josua
jedoch, der besser verproviantirt war, beeilte sich dem Patriarchen
von seinem frugalen Mahle zu offeriren. Als R. Gamliel seine
Verwunderung über R. Josuas Vorsicht ausdrückte, antwortete
er ihm: Ich habe nach astronomischer Berechnung vermuthet,
daß diesmal der Komet, der alle 70 Jahre einmal erscheint
und Seereisen erschwert, sichtbar werden dürfte.

Als sie in die Nähe Roms kamen, da machte der Anblick
des geräuschvollen Treibens auf dem Kapitol einen nieder=
schmetternden Eindruck auf sie. „Diese Götzendiener erfreuen sich
des Glückes und unser h. Tempel liegt in Trümmern," riefen
sie wehmuthsvoll aus. R. Akiba jedoch rief ihnen tröstend und
ermuthigend zu: „Wenn es den Sündern so geht, so haben
wir gewiß noch mehr zu erwarten." In Rom wurden sie freund=
lichst aufgenommen und es gelang ihnen den einmal gefaßten
Beschluß betreffs der Judenverfolgung zu vereiteln. R. Gamliel

ging auch ein zweitesmal, und zwar zur Zeit als Nerva, der
Nachfolger Domitians, seine Regierung antrat, nach Rom um
für die Aufhebung drückender Judensteuern zu petitioniren.
Auch diesmal war sein Unternehmen von dem schönsten Erfolge
gekrönt. Zum Andenken an diese That, die allgemein Sensation
erregte, wurden Münzen geprägt, die zur Aufschrift hatten:
Calumnia fisci Judaici ablata (Frankel Darke Misch. 84.)

Als jedoch später Hadrian zur Regierung gelangte, wurde
das Freundschaftsverhältniß R. Gamliels zu Rom gelockert.
Ja noch mehr er wurde gleich den anderen Volksführern zum
Tode verurtheilt, allein der römische Hauptmann, der R. Gamliel
besonders verehrt und geschätzt hatte, gab ihm frühzeitig von
der ihm drohenden Gefahr einen Wink und R. Gamliel war
gerettet (Taan. 29.) Er wirkte dann noch einige Jahre und
starb vor der Barkochbaischen Revolution.

Gamliel II. hinterließ einen Sohn Simeon, der ebenfalls
ein berühmter Tanaite gewesen ist. Der Tod R. Gamliels
wurde vom ganzen Volke aufs tiefste betrauert.

- - -

VII.

R. Chanina ben Dosa.

Dieser von den Historikern so wenig gewürdigte Tanaite,
der ein Zeitgenosse R. Jochanan b. Saccai's und Gamliel II.
gewesen, war ein geistvoller Praktiker, ein Mann der That.
Im Talmud (Sota 49.) wird erzählt, daß mit dem Tode des
Ben Dosa die Männer der That „Ansche maaseh" zu Grabe
getragen wurden. Er gehörte also zu der chassidäischen Partei,
was auch folgende seiner Lehren beweisen. Er sagte: Wo die
Furcht und Scheu vor der Sünde der Weisheit vorangeht, da
hat die Weisheit Bestand; wo aber die Weisheit der Furcht und
Scheu vor der Sünde vorangeht, da hat die Weisheit keinen

54

Bestand. Ferner: Ueberall, wo die guten Thaten mehr sind
als die Weisheit, da besteht die Weisheit, wo aber die Weisheit die guten Thaten überragt, da hat die Weisheit keinen
Bestand. — Derjenige, an dem die Menschen Gefallen haben,
an dem hat auch Gott Gefallen, an dem aber die Menschen
keinen Gefallen finden, an dem hat auch Gott keinen Gefallen.
(Abot 3.)

Durch seine ungeheuchelte Frömmigkeit stand er in großem
Ansehen, ja er galt sogar als Wunderthäter, daher bei Krankheits-
fällen er oft angegangen wurde Gebete zu verrichten. Im
Talmud (Ber. 34.) wird erzählt: Einst erkrankte der Sohn des
Ben Saccai und lag schwer danieder. Der betrübte Vater sagte
in seiner drückenden Stimmung zu Ben Dosa, der seine Schule
besuchte, Chanina mein Sohn erflehe für mein krankes Kind
Gesundheit vom Himmel. In tiefgebeugter Stellung hub Chanina
b. Dosa hierauf an inbrünstig zu beten, und die Folge war,
daß der Kranke bald genas. Von der schnellen Wirkung des
Gebetes, das Ben Dosa verrichtete, höchst überrascht, rief Ben
Saccai folgende etwas bittere Worte aus: Hätte ich in gebeugter
Stellung Tage lang gebetet, man hätte es dennoch nicht berücksichtigt. Ist denn Ben Dosa größer als du, rief ihm seine
Gattin, die sich hiedurch tief verletzt fühlte, verwunderungsvoll
zu? Ich, entgegnete ihr Ben Saccai, ich verhalte mich zu Gott,
wie der Minister zum Könige, der vor seinem Herrn nur nach
vorausgegangener Anmeldung erscheinen darf, während Ben
Dosa sich zu Gott wie ein Diener zu seinem Herrn ver-
hält, dem es gestattet ist, ohne weitere Erlaubniß abwarten zu
müssen, zu jeder Zeit und Stunde vor seinem Herrn zu erscheinen.

Chanina selbst aber hielt sich keinesfalls für einen Heiligen,
der übernatürliche Wunder zu üben vermag. Er sagt vielmehr
von sich: Er sei weder ein Profet, noch der Sohn eines Profeten (ibid.) Das Wort des gekrönten Weisen: Die Weisen und
Gelehrten sind selten im Besitze irdischer Güter, bewährte sich

auch bei unserem Chanina, denn er hatte mit Mangel und Noth mannigfacher Art zu kämpfen und zu ringen. „Die ganze Welt wird um meines Sohnes Chanina willen gespeist und mein Sohn Chanina begnügt sich mit einem Maaß von Feigen!" war das Urtheil über ihn. (Ber. 18.)

Der Talmud (Taan. 25.) enthält folgende lehrreiche, unsern Ben Dosa charakterisirende Erzählung: „Einst sagt seine Frau zu ihm: Wie lange noch werden wir ein solch erbärmliches Dasein fristen? Und was kann ich dagegen thun entgegnete Ben Dosa? Du, der du dir durch deinen sittlich reinen, frommen, Gott und Menschen gefälligen Lebenswandel so viele Verdienste erworben, hast ja das Recht zu dem Allgütigen zu beten, daß er dir schon hienieden einen Theil von dem für dich im Jenseits bestimmten Lohn gebe. Sein Gebet fand Erhörung und es wurde ihm ein Goldklumpen in Gestalt eines Fußes verabreicht, so daß er sorgenlos leben konnte. Allein bald darauf kam seine Frau und theilte ihm mit, daß sie einen sie im höchsten Maße beunruhigenden Traum hatte. Sie habe nämlich im Traume gesehen wie die Frommen alle im bessern Jenseits auf von drei Füßen getragenen Thronen sitzen, während der Thron ihres Mannes Chanina des dritten Fußes entbehrte. Wird eine solche Zurücksetzung nicht deprimirend auf dich einwirken? Nun was ist da zu thun, entgegnete Chanina? Bete zu Gott, daß er dir wieder wegnehme den dargebotenen Goldklumpen, damit das Piedestal, das dich tragen soll, nicht mangelhaft sei, war ihre Ant=wort. Chanina willfahrte dem Willen seiner Frau und sein Gebet wurde erhört. Die Erhörung des zweiten Gebetes, schließt die talm. Erzählung, war ein noch größeres Wunder, da Gott nur giebt, aber nicht wieder zurücknimmt. Die Moral, die dieser Erzählung zu Grunde liegt, ist, daß man das Gute nicht in der Absicht üben darf um dafür belohnt zu werden, sondern nur um des Guten willen.

Nicht minder interessant ist auch folgende Erzählung, die hier erwähnt zu werden verdient. Einst klagten seine Schüler, daß auf dem Wege zum Lehrhause sich ein schlangenartiges Ungethüm, „Arod" genannt, aufhalte und die Vorüberziehenden verwunde. Zeiget mir nur den Aufenthaltspunkt dieses so viel Unheil stiftenden Ungethüms, entgegnete Ben Dosa. Kaum wurde ihm derselbe gezeigt, als er seinen Fuß dahin setzte und das Ungethüm tödtete. Sodann lud er es auf seine Schulter und trug es ins Lehrhaus. Hier rief er seinen Jüngern zu: Sehet meine Kinder, nicht die Schlange tödtet, sondern die Sünde. Einstimmig riefen dann die Schüler aus: Wehe dem, der von der Schlange ergriffen wird, wehe aber der Schlange wenn sie sich R. Chanina b. Dosa's bemächtigen will. (Berach. 33.)

Von Chanina's Frau wird erzählt, daß sie jeden Freitag den Backofen heizen ließ, obschon sie gar oft in ihrer drückenden Armuth nicht einen Denar auf Mehl hatte, damit nur die Nachbarschaft von ihrer Noth nichts erfahre. Als jedoch einige Nachbarn aus Neugierde sie an einem Freitag besuchten, da soll das Wunder geschehen sein, daß der Ofen voll von Broden gewesen war. (Berach. 24.)

Der talmud. Ausruf: Was frommt und nützt uns das Gebet des hohen Priesters um Regen, wenn R Chanina b. Dosa es rückgängig machen kann (Joma. 53. und Taan. 24.) beweist zur Genüge, daß Ben Dosa schon vor der Zerstörung des Tempels eine allgemein anerkannte Capacität gewesen. Als einst die Tochter des Tempelverwalters und Brunnengräbers Nehunja in einen tiefen Brunnen stürzte, appellirte man an Ben Dosa. Er beruhigte die Bestürzten und nach Ablauf von drei Stunden war sie gerettet. Nun frug man Ben Dosa, ob er denn ein Profet sei Ich bin weder ein Profet noch der Sohn eines Profeten, aber ich durfte mit Bestimmtheit darauf rechnen, daß der Allgütige nicht werde die Tochter in dem Brunnen ihren Tod finden lassen, den der fromme Vater zum Wohle und Heile der Menschheit mühevoll gegraben hat, war die Antwort Ben Dosa's (Jebam. 121.)

VIII.

R. Josua ben Chananja.

Ungefähr 26 Jahre vor der Zerstörung Jerusalems erblickte R. Josua b. Chananja, von dessen Mutter die Weisen sagten: Heil der, die ihn geboren (Abot 2), das Licht der Welt. Dem levitischen Stamme angehörend, hatte er in seiner frühesten Jugend nicht nur den Glanz des Tempels wie dessen feierlichen aller Welt imponirenden Gottesdienst mitangesehen, sondern auch selbst die Psalmen im Chore mitangestimmt. (Erech. 11 b.).

R. Josua, von dessen Bescheidenheit, Großmuth und Unter= würfigkeit wir schon früher zu sprechen Gelegenheit hatten, war der Ansicht, daß die Beschäftigung mit dem Studium des Gesetzes durchaus nicht die Erwerbsthätigkeit ausschließen darf Er selbst war ein Gewerbsmann, nämlich ein Schmied von Profession, und lehrte: Wer des Morgens und des Abends je zwei Halachas studirt, die übrige Zeit aber für sein Gewerbe verwendet, hat der Pflicht, täglich das Gesetz zu studiren, entsprochen (Mechilta Beschal 32.).

Dieser fromme, bescheidene und zartfühlende Lehrer hatte es sich zur Lebensaufgabe gemacht, seinem Volke das Gesetz so viel als möglich erleichtern zu können.

Während viele Pharisäer nach der Zerstörung des h. Tempels sich des Genusses von Fleisch und Wein enthalten zu müssen glaubten, weil beides beim Altar verwendet wurde, sprach sich R. Josua gegen diese überspannte Idee entschieden aus, indem er sagte: Auf diese Weise wären wir genöthigt auch den Genuß des Brotes wie des Wassers entbehren zu müssen, da auch diese auf den Altar gebracht wurden. Es dürfen überhaupt, meint R. Josua, keine unerträglichen Erschwerungen der Gemeinde auferlegt werden: (En goserin geserah al hazibbur ela im ken rauw hazibbur jechulin laamod boh. (B. Batra 60 b.).

R. Josua eiferte überdies gegen so manche Halacha, die keine biblische Basis hatte. (Tosifta Chagiga 2.). Von seiner Toleranz und Milde zeugt sein das Judenthum hochehrende Ausspruch, daß selbst Heiden, wenn sie tugendhaft und sittlich rein sind, des künftigen Lebens theilhaftig werden. (Synhedrin 105 a.)

Als einst Hadrian sein bereits gegebenes Versprechen betreffs der Wiederherstellung des Tempels, nicht halten zu wollen Miene machte, war die Volksmasse höchst erbittert über ihn und Viele bewaffneten sich, um einen Aufstand in Scene zu setzen. Nichtsdestoweniger gab es viele nüchterne, friedlich gesinnte Menschen im Volke, welche das Gefährliche eines Auf=standes erkannten und die Tragweite desselben zu bemessen wußten. An der Spitze dieser gemäßigten Partei stand R. Josua. Er beschwichtigte die aufgeregte Menge, indem er derselben eine Fabel vortrug, die ihr das Thörichte ihres Vorhabens auf eine solide Weise veranschaulichte: Einst blieb einem Löwen, als er seine Beute verzehrt hatte, ein Knochen im Rachen stecken. Der Löwe befand sich in einer fürchterlichen Situation und versprach daher, denjenigen, der ihn aus seiner höchst unangenehmen Lage befreien werde, reichlich zu belohnen. Ein Kranich mit einem großen Schnabel fand sich zu diesem Behufe ein, dem es auch in der That gelang, diese Operation glücklich zu vollziehen. Als er dann seine gerechte Forderung an den Löwen machte, sprach jener spöttisch: Sei froh, daß du deinen Kopf aus des Löwen Rachen unverletzt gezogen, was verlangst du noch mehr?

Dieselbe Bewandtniß hat es mit uns, sagte R. Josua. Wir sollten ebenfalls froh sein aus des Römers Hand unver= letzt gekommen zu sein, wozu ihn noch durch die an ihn zu stellende Forderung zu reizen (Genesis Robba).

R. Josuas Einwendung gegen die Entscheidung durch das Bat Kol, daß die Himmelsstimme nicht den Ausschlag zu geben habe, sondern die Majorität, en maschgischin bebat kol (B. Mezia 59.) zeigt von seiner vorurtheilsfreien Gesinnung.

Unseres Dafürhaltens dürfte R. Josua sich deshalb bei

der Gelegenheit des Streites mit R. Elieser so mißliebig über die „höhere Stimme" „Bat Kol" geäußert haben, weil sie nicht die Volksstimme gewesen ist. Wir finden es daher auch leicht erklärlich, warum das „Bat Kol" bei dem Hillelianischen Streite ja Berücksichtigung gefunden, denn Hillel hatte die Majorität für sich (Vgl. Tosaf. B. Mezia 59. Chulin 44. Jebam. 14 etc.) und so hat sich auch das alte Sprichwort: Vox populi vox dei „Volksstimme ist Gottesstimme" vollkommen bewährt R. Josua wollte daher durch seinen Ausruf En maschgichin hebat Kol zu verstehen geben, daß man nicht veranlaßt werden kann, einer erkünstelten „höheren Stimme," die mit der Ansicht der Majorität collidirt, beizupflichten. Wir glauben aber kaum, daß er, wie Tosafot daselbst aus dem Worte lo baschomajim hi folgern zu können meint, bei seinem Ausrufe: en maschgichin etc. auch das Bat Kol des großen Hillel, den er hoch verehrte und dessen hohen Tugenden er sich auch anzueignen strebte, im Auge hatte

Proselyten gegenüber benahm er sich ebenso milde und freundlich, wie einst der große Hillel bei ähnlichen Anlässen. Einst, so erzählt uns der Midr. Rab. Kohel 10, kam eine Frau, aus der Sekte der Minäer, zu R. Elieser b. Hirkanos und wünschte von ihm in die jüdische Gemeinde aufgenommen zu werden. Du scheinst also deine Sünden zu bereuen, rief der Rabbi ihr zu, nun gut! sage mir einmal, inwiefern du dich versündigt hast? Ich bin Mutter eines Kindes, dessen Vater mein ältester Sohn ist, war ihre Antwort. Mit Indignation und Entrüstung stieß der Fromme sie barsch von sich. Sie gieng nun zu R. Josua und stellte an ihn dasselbe Ansuchen. Dieser aber nahm sie freundlich auf. Als seine Schüler nicht umhin konnten, hier=über ihre Verwunderung auszudrücken, entgegnete er ihnen: Von mir aus wird diese Frau, nachdem sie sich bekehrt hat, als neugeboren betrachtet. Auch dem Proselyten Akilas gegenüber — der ein geborener Heide gewesen, später sich aber den Heiden=christen angeschlossen hatte und zuletzt gar Jude geworden ist — benahm R. Elieser sich nicht sehr huldvoll, während er, Akilos nämlich, von R. Josua auf das freundlichste und wohlwollendste empfangen wurde. (Beresch. rabba. 70.) Wenn man übrigens bedenkt, daß R. Elieser sich durch den Umgang, den er einmal mit einem Minäer gepflogen, wie wir dies im nächsten Capitel nachweisen werden, große Verlegenheiten bereitet hatte, so wird man auch seine Härte wie sein Mißtrauen gegen diese Sekte vollkommen gerechtfertigt finden.

In Folge seiner Klugheit, seiner weltmännischen Bildung und seines geistreichen Witzes erwarb R. Josua sich nicht nur die Liebe seiner Glaubensgenossen, sondern auch die Achtung und Verehrung Andersgläubiger und besonders die Gewogenheit des Kaiserhauses.

In demselben Maße, als er von der Natur mit ungewöhnlichen Geistesgaben beglückt wurde, wurde er von derselben betreffs seiner körperlichen Gestalt stiefmütterlich behandelt. Eines Tages rief ihm die Tochter des Kaisers verwunderungsvoll zu: Welch' ein unansehnliches Gefäß für so viel Weisheit! Wo bewahrt ihr denn den Wein, entgegnete der fromme Rabbi. In gewöhnlichen Gefäßen von Thon, wie tausend andere es thun, war die Antwort. Aber für euch am königlichen Hofe, erwiederte der fromme Rabbi, sollte der Wein in silbernen und goldenen Gefäßen aufbewahrt werden. Du scheinst nicht ganz Unrecht zu haben, lieber Rabbi, entgegnete die Prinzessin, und sofort ertheilte sie den Befehl, daß der Wein in silberne und goldene Gefäße gefüllt werde. Allein nach kurzer Zeit wurde der Wein sauer. Der Fürst hierüber sehr entrüstet, erkundigte sich bei seiner Tochter nach dem Rathgeber, und als er erfuhr, daß R. Josua es gewesen sei, der seiner Tochter diesen Rath ertheilt hatte, ließ er ihn vorladen und fragte ihn, was ihn denn eigentlich hiezu bewogen und ob er denn beabsichtiget habe ihm Schaden zu verursachen? Herr, antwortete R. Josua, deine Tochter glaubte mich meiner Häßlichkeit wegen geringschätzen zu müssen, so versuchte ich es ihr begreiflich zu machen, daß man auf falscher Fährte sei, so man auf äußere Schönheit einen allzugroßen Werth legen zu dürfen glaubt, da selbst der beste Wein in einem silbernen oder goldenen Gefäße ungenieß= bar wird, während er in unansehnlichen Gefäßen geschmackvoll bleibt. (Taanit 7 a.)

Folgende Erzählung zeugt von dem tiefen Mitgefühl, das er, R. Josua nämlich, für jedes Leid und Weh hatte. Als er einst nach Rom kam, brachte er in Erfahrung, daß ein schöner israel. Knabe, Ismael b. Elischa, daselbst gefangen sei. Er suchte den Knaben auf und rief dabei die Worte des Prof. (Jesaias 42, 24) aus. O! wer hat Israel seinen Peinigern und Jakob seinen Plünderern preisgegeben? Und der Knabe antwortete darauf mit den Worten desselben Propheten: Gott ist es, gegen den wir gesündigt haben, und wir wollen nicht auf seinem Wege wandeln. R. Josua gab sich dann alle erdenkliche Mühe den liebenswürdigen und geistreichen Knaben loskaufen zu können, und der Knabe wurde später ein berühmter Lehrer in Israel. (Rabbot Echa 78.)

Aus Horiot 10 a erhellet zur Genüge, daß R. Josua b. Ch. nebst seiner immensen Traditionskenntniß auch astronomische Bildung besaß.

Minder sanft und nachgiebig war sein Genosse, der bereits erwähnte R. Eliefer b. Hirkanos, ebenfalls ein Schüler R. Jochanan b. Saccai, von dem er, weil er sich von früheste Zeit zur Lebensaufgabe gemacht, die alten bereits vorhandenen Halachos sich anzueignen, damit ihm nichts von ihnen verloren gehe, „eine verkalkte Zisterne, welche keinen Tropfen durchläßt," genannt wurde.

Seine Jugend wird durch folgende Schilderung ausge= schmückt: Er wurde nämlich frühzeitig, gleich seinen andern Brüdern von seinem Vater Hirkanos, der ein reicher Landmann war, angehalten den Acker zu bestellen. Dieses Geschäft sagte ihm nicht sonderlich zu, überdies hatte er Ursache, den Zorn seines strengen Vaters wegen des Unfalls, der ihm mit dem zum Ackern verwendeten Vieh zugestoßen, zu fürchten, daher verließ er eines schönen Morgens heimlich das väterliche Haus, ging nach Jerusalem, besuchte das Lehrhaus des berühmten R. Jochanan b. Saccai und erwarb sich einen großen Schatz von Wissen. Nur hing er mit ganzer Seele der starren Schule Schammais an, obschon R. Jochanans Richtung eine hillelische genannt werden konnte.

Hirkanos, der weder den Aufenthaltsort noch die Beschäftigung seines ihm heimlich entflohenen Sohnes kannte, verfügte sich nach Jerusalem, um vor Gericht ihn seines Ungehorsams wegen zu enterben. Als R. Jochanan von dem, was Hirkanos im Schilde führte und seinem Sohne Elieser zu thun beabsichtigte, Kunde erhielt, veranlaßte er, daß gerade an diesem Tage Elieser, der zu seinen treuesten und würdigsten Schülern gehörte, in Gegenwart der achtbarsten und angesehensten Männer Jerusalems einen Vortrag hielt, der sich des allgemeinen Beifalls erfreute. Wie angenehm überrascht, wie tief gerührt mochte wohl Hirkanos gewesen sein, als er in dem gelehrten Redner seinen einst den Acker mit Unwillen gepflügten Sohn erblickte. Er ließ nicht nur von seinem Vorhaben ab, sondern er wollte sogar seine übrigen Kinder enterben und ihm allein sein ganzes Vermögen überlassen, was aber Elieser entschieden zurückwies. (Genesis Rabba. 42. Abot. de R. Natan 6.)

Dieser R. Elieser wurde später so berühmt, daß selbst der Patriarch R. Gamliel sich mit ihm verschwägerte. Während R. Elieser b. Hirkanos, wie wir dies im nächsten Capitel nachweisen werden, durch seinen Umgang mit Minäern, den er dann tief bereute, sich große Verlegenheiten bereitete, war sein College R. Josua b. Chananja sein Leben lang ein erbitterter Gegner dieser Apostaten und hatte manch' harten Strauß mit ihnen zu bestehen *). Als einst sein eigener Neffe, der nachmals berühmte

---

*) Daß er ihnen stets gewachsen war und ihrem Uebermuthe auf die glänzendste Weise Schranken zu setzen gewußt, beweist der Umstand, daß seine Collegen, als er auf dem Sterbebette lag, tief besorgt ausriefen: Wer wird für uns jetzt mit den Ungläubigen kämpfen? Chag 5.)

Chananja, durch den Umgang mit den Minäern auf Abwege
gerieth und sogar am Sabbath auf einem Esel ritt, setzte er,
R. Josua nämlich, alle Hebel in Bewegung, um ihn aus den
Schlingen dieser Verführer zu retten. Nachdem ihm dieses gelungen
ist, fühlte er sich überglücklich und schickte seinen Neffen nach
Babylonien, damit er nicht in Palästina den Verlockungen der
Minäer preisgegeben sei. (Khelet rabb. 1. 16.)

R. Josuas Wahlsprüche lauteten: Neid, Leidenschaftlichkeit
und Gehässigkeit führen den Menschen seinem Untergange entgegen. (Abot. 2. 11.) Ein närrischer Chasid, ein schlauer Böse-
wicht, Rascha orum, eine Frau, die sich als Pharisäerin geberdet,
ischa peruscha, und die gefälschten Pharisäer sind die Welt-
verderber. (Sota 20). Unter „Chasid schote" seien, wie der Tal-
mus daselbst erklärt, jene überspannten Essäer gemeint, die aus
Schicklichkeitsrücksichten es unterlassen, eine fremde Frau, so sie
in einen Fluß gestürzt ist, zu retten, und „Makot Peruschin"
bezeichnet jene Heuchler und Frömmler, die sich zum Scheine
foltern und martern, damit sie als Hochfromme anerkannt werden,
thatsächlich aber das größte Laster zu verüben fähig sind. Jedenfalls ist aus dem hier reproducirten Ausspruch R. Josua's zu
entnehmen, daß es unter den Chassidäern oder Essäern sehr
viele Frömmler und Schwärmer gegeben, die später dem Judenthum abtrünnig geworden sind.

IX.

Elieser ben Hirkanos.

Es ist bereits oben erzählt worden, daß R. Elieser Hirkanos (auch R. Elieser hagadol der Große genannt) der Schwager
R. Gamliel II. gewesen, von dem er, weil er sich dessen Beschlüssen nicht fügen und überhaupt der Mehrheit nicht immer
das Recht zuerkennen wollte, mit dem Bann belegt wurde.

In der diesbezüglichen Stelle (B. Mezia 59) wird uns erzählt, daß R. Elieser b. Hirkanos seine Ansicht betreffs der Frage, ob ein zusammengefügter irdener Ofen verunreinigungsfähig sei, mit einer hartnäckigen Beharrlichkeit sondergleichen vertheidigte und durchaus nicht geneigt war, der Majorität, die gegen seine Meinung stimmte, beizupflichten. Er suchte sogar durch Wunderzeichen das Recht der Majorität zu bekämpfen, allein diese wurden von den anwesenden Tanaim entschieden zurückgewiesen, und man ließ an diesem Tage alle verunreinigten Gegenstände, die R. Elieser seiner Ansicht nach für „rein" erklärte, herbeiholen und verbrennen. Nachdem R. Elieser von der Sitzung sich entfernt hatte, wurde er, weil er dem Präsidium hartnäckigen Widerstand geleistet, in den Bann gethan. R. Akiba übernahm die unerquickliche Mission, den R. Elieser von dem Präsidialbeschlusse in Kenntniß zu setzen. Schwarz gekleidet erschien R. Akiba vor dem Verbannten und setzte sich in einer Entfernung von vier Ellen ihm gegenüber. Was gibt es denn heute Neues?, fragte R. Elieser ganz erstaunt. „Es scheint mir, erwiederte R. Akiba, daß sich deine Collegen von dir abgesondert haben." R. Elieser merkte sofort, was im Lehrhause vorgefallen sei, er zerriß seine Kleider und setzte sich trauernd zur Erde nieder. Es wird ferner daselbst erzählt, daß R. Gamliel, als er nachträglich auf einer Seereise in Gefahr schwebte, ausgerufen habe: Es will mich bedünken, daß ich jetzt um R. Elieser b. Hirkanos willen der Todesangst preisgegeben werde. Er erhob sich von seinem Sitze und betete: „Herr der Welt! Du allein weißt es ja, daß ich diese Strenge weder meiner, noch meiner Eltern Ehre wegen gebrauchte, sondern es war mir einzig und allein darum zu thun, die Einheit in Israel zur Verherrlichung deines göttlichen Namens aufrecht zu erhalten." Nach Beendigung seines Gebetes ließ die drohende Gefahr von ihm ab.

In Folge des über ihn verhängten Bannes sah sich R. Elieser genöthigt, Jamnia zu verlassen, und er domicilirte von nun an theils in Lydda und theils in Cäsarea.

Hier hatte er sogar Gelegenheit mit Judenchristen Umgang zu pflegen. Ein gewisser Jakobus aus Kefar Sechanja, dessen Bekanntschaft er in Sepphoris machte, und der sich ein Jünger Jesus nannte, theilte ihm eine halachaische Entscheidung mit, die er aus dem Munde Jesus vernommen hatte. R. Elieser schenkte dieser Mittheilung nicht nur ein geneigtes Ohr, sondern er zollte ihr gar seinen Beifall. In Folge seines Umganges mit Christen wurde er zur Zeit der Christenverfolgungen unter Trajan eben= falls für einen Christen gehalten und zur Verantwortung vor das Tribunal geladen. Es gelang ihm jedoch bald seinen An= klägern von seiner Unschuld sprechende Proben und Belege zu liefern (Ab. Sarah 16.). Die diesbezügliche Stelle lautet: R. Elieser wurde einst angeklagt, daß er mit den Minäern (Juden= christen) fraternisire, daher er sich vor dem Statthalter von Syrien vertheidigen mußte. Der Statthalter sprach ihn mit folgenden Worten an: Saken schekamotech jaatok bidwarim batelim. Ist es schicklich, daß ein Greis deines Standes und Ranges sich mit solch eitlen Dingen befaßt? „Du selbst magst Bürge sein", entgegnete ihm R. Elieser, „daß ich mit dieser Sekte nichts gemein habe. In Folge dieser Erklärung wurde er von der Anklage freigesprochen. Als er nach Hause kam, besuchten ihn seine Schüler um ihn zu trösten. Allein alle ihre Trost= worte vermochten nicht seinen Trübsinn zu verscheuchen. Endlich ergriff R. Akiba das Wort und sprach: Rabbi, vielleicht hast du einmal mit Minäern verkehrt, an ihren Lehren Gefallen gefunden und dich dadurch versündigt? Akiba, ich erinnere mich, antwortete R. Elieser, daß ich einmal einem gewissen Jakobus begegnete, der mir eine Erklärung des Verses in der h. Schrift (5. B. M. 23) mitgetheilt, die mich befriedigt hatte. Diesem Umstande habe ich es zu verdanken, daß ich angeklagt und verdächtigt wurde." Wir glauben daher nichts Gewagtes zu behaupten, wenn wir der Ansicht Raum geben, daß R. Akiba auch gelegenheitlich eines andern Besuches, den er in Begleitung seiner Collegen dem erkrankten R. Elieser gemacht, in seinem

5

Gespräche mit ihm auf den in Rede stehenden Vorfall angespielt haben mochte. Im Talmud (Sanhedr 110) wird erzählt: Als einst R. Elieser erkrankte und von unsäglichen Leiden gefoltert wurde, statteten ihm seine Schüler einen Besuch ab. Der kranke Rabbi seufzte und rief schmerzerfüllt aus: Chama asa josch baolam! Die strafende Hand Gottes lastet schwer auf mir. Die Jünger weinten, während R. Akiba heitere und lächelnde Miene hiezu zeigte. Verwunderungsvoll rief der Kranke aus: Akiba warum lachst du? Frommer Rabbi, entgegnete Akiba, so lange du Alles in Hülle und Fülle hattest, ein freudenvolles und kummerloses Leben führen konntest und von drückenden Sorgen und nagenden Schmerzen verschont geblieben bist, fühlte ich in meinem Herzen eine quälende Unruhe, denn ich fürchtete, daß du den Lohn deiner Werte schon hienieden genossen. Da ich dich aber jetzt von Leiden und Schmerzen geplagt sehe, so bin ich beruhigt und freue mich darüber. Wie Akiba! rief der Kranke ganz verwundert aus, habe ich denn mich je vergangen? „Rabbi! antwortete ihm Akiba besänftigend, du selbst hast uns ja gelehrt, daß es keinen Menschen hienieden gäbe, der, und wäre er noch so fromm und gerecht, nicht zuweilen irren könnte." Diese Worte, die Kohelet gesprochen: Ki Adam en Zaddik baarez etc., dürfte unseres Dafürhaltens R. Elieser, als er sich durch die Unterredung mit jenem Minäer Jakobus Unannehmlichkeiten zugezogen hatte, auf sich angewendet haben, daher Akiba sie ihm jetzt in Erinnerung gebracht.

R. Elieser's Sprüche: Wärme dich am Feuer der Weisen, hüte dich aber, daß du dich an ihrer Gluth nicht verbrennst; denn ihr Biß ist Schakalenbiß, ihr Stich, der des Skorpions, ihr Zischen ist das der Schlange und alle ihre Worte sind brennende Kohlen (Abot II. 15) zeugen, daß er in seiner Zurückgezogenheit sich tief gekränkt gefühlt haben mochte.

Als jedoch R. Elieser turz vor seinem Tode erkrankte und schwer darniederlag, da sahen sich seine Collegen, die lange Zeit seine Gesellschaft gemieden, genöthigt, ihn zu besuchen. R. Elieser über-

häufte sie mit Vorwürfen, daß sie ihn so lange vernachläßigt haben.
Dadurch, daß ihn keiner besuchte, meinte er, werden jetzt so viele
Traditionslehren mit ihm begraben werden. Sie benützten hierauf
die Gelegenheit sich von ihm über viele seltene Traditionen, in
deren Besitz er allein gewesen, Aufschluß geben zu lassen.
(Sanhedr. 68).

Trotz seiner großen Schwäche und unsäglichen Leiden,
raffte er sich mit verjüngter Kraft auf, um seine Collegen zu
belehren. Die halachaischen Bestimmungen über „rein und
unrein" gehörten zu seinen Lieblingsstudien, daher sie auch
hierüber sich mit ihm in eine lebhafte Diskussion einließen und
gingen von einer Halacha zur andern über, bis er endlich seinen
Geist aufgab. Sein letztes Wort war „rein". Dieses höchst
merkwürdige Ende des R. Eliezer verfehlte nicht auf die anwesenden Collegen einen tiefen Eindruck zu machen. Das Auf-
geben der Seele bei dem Worte „rein" galt ihnen als göttliches
Zeichen seiner Unschuld und Seligkeit.

Als Zeichen ihrer tiefen Trauer zerrißen sie ihre Kleider,
R. Josua umfaßte sogar den Leichnam, küßte ihn, zog ihm die
Phylakterien, die er selbst in den letzten Sterbestunden trug,
aus und löste den über ihn verhängten Bann. Da R. Eliezer
an einem Freitag starb, so wurde nach Sabbathausgang seine
Leiche von Cäsarea nach Lydda gebracht, welchem Zuge sich die
angesehensten Männer der Stadt anschlossen. R. Akiba hielt
eine herzergreifende Leichenrede, in welcher er sagte: mit R.
Eliezer b. Hirkanos ist das Buch der Lehre zu Grabe getragen
worden.

Auch R. Eliezer b. Asaria veranstaltete seinetwegen eine
höchst feierliche Trauer. (Ibid.)

Wo im Talmud der Name R. Eliezer ohne sonstiges Epitheton
vorkommt, so ist darunter kein anderer als R. Eliezer Hirkanos zu
verstehen. R. Eliezer, der ein Schüler Samais und Ben Saccais
war, hatte den Grundsatz, nie eine andere Halacha vorzutragen,
als die, die er von seinem Lehrer vortragen hörte. Als ihn einst

seine Schüler besuchten und von ihm verlangten, er möge ihnen den Weg vorzeichnen, den sie einschlagen müssen, um die Seeligkeit zu erreichen, entgegnete er ihnen: Verletzet nie die Ehre eurer Collegen, haltet eure Kinder ab von all zu vielem Nachdenken und wenn ihr betet, so wisset vor wem ihr betet. (Berach. 28.)

X.
R. Akiba und R. Ismael.

Der genialste, geistreichste und bedeutendste Lehrer jener Zeit war unstreitig R. Akiba, der ungefähr ein halbes Jahrhundert vor der Zerstörung Jerusalems das Licht der Welt erblickt hatte.

Einer Sage zufolge soll er von dem Geschlechte des Feldherrn Sißera abgestammt sein. Obschon von der Natur mit äußerst glänzenden Geistesgaben beglückt, blieb er denn doch lange Zeit unwissend, da er seiner ungünstigen und drückenden Verhältnisse wegen genöthigt war, als Hirte bei C. Sabua einem reichen und angesehenen Juden in Jerusalem, zu dienen. Sein hochstrebender Geist konnte indessen trotz seiner Unwissenheit in dieser geistlosen Beschäftigung durchaus keine Befriedigung finden. Sein ganzes Streben war dahin gerichtet, sich denn doch auf irgend eine Weise Bildung und Kenntnisse anzueignen. So lange er nicht in die Lage kam, diesen seinen sehnlichsten Wunsch verwirklichen zu können, hegte er seiner Unwissenheit wegen, gegen die Gelehrten einen gewaltigen unversöhnlichen Haß. „Als ich noch ein Idiot war, sagte er später, wäre ich im Stande gewesen, einen jeden Gelehrten, der mir begegnete, zu zerfleischen." (Pesach 49.)

Als jedoch Rachel, die einzige Tochter der bereits erwähnten Calba Sabua, eine mit den schönsten weiblichen Tugenden und Eigenschaften gezierte und geschmückte blühende Jungfrau, ihm, da sie in Liebe zu ihm entbrannte, ihre Hand bot, entschloß er sich auf ihr Anrathen dem Hirtenleben zu entsagen und sich ganz dem Studium der Gotteslehre hinzugeben. Bevor

er jedoch Jerusalem verließ, verehelichte er sich heimlich mit der
Geliebten seines Herzens, die ihm ewige Liebe und Treue schwor.
Calba Sabua, von diesem für ihn höchst unliebsamen Vorfalle
benachrichtigt, verstoß seine einzige heißgeliebte Tochter, die nun=
mehr dem Elende und der Noth preisgegeben war. Sie kämpfte mit
tausend Widerwärtigkeiten und Ungemächlichkeiten, allein das süße
Bewußtsein, daß ihr Akiba, dessen ungewöhnlichen Geistesgaben
sie bald erkannte, einst mit vielen Kenntnissen und Wissenschaf=
ten ausgerüstet heimkehren werde, stärkte und stählte sie in solch
hohem Maße, daß sie Muth genug hatte, allen Leiden und
Sorgen trotzen zu können. Nachum aus Gimsu und R. Elieser
b. Hirkanos, Nechunja b. Kana, R. Gamliel und R. Tarphon
waren seine Lehrer, und R. Elieser b. Asaria, R. Jehuda b.
Baba, R. Jeschebab, R. Jochanan b. Nori, R. Jose haglili,
R. Jismael, R. Simon b. Nanes u. a. m. seine Collegen.

Als er nach vielen Jahren als hochgelehrte allgemein an=
erkannte Persönlichkeit nach Hause kam und nach längerer
Conversation, die er mit dem alten von Leiden tiefgebeugten
Calba Sabua hatte, dieser in ihm, dem allgemein verehrten
Rabbi, seinen ihm verhaßt gewesenen Schwiegersohn erblickte,
da herrschte in diesem Hause, ja in dieser ganzen Familie eine
unbeschreibliche himmlische Freude.*) Nun begann für Akiba
eine bessere Zeit. Sein Schwiegervater, der sich jetzt durch ihn
geehrt fühlte, beschenkte ihn mit Gold und Silber und suchte
ihm eine glückliche, heitere und sorgenlose Existenz zu verschaffen.

Gamliel der II., Josua b. Chananja und R. Elieser b.
Azaria waren seine intimsten Freunde, die er alle überlebt hatte.

Als er ein selbstständiges Lehrhaus gründete, strömten
große Zuhörermassen herbei, um auf seine scharfsinnigen, die
dunkelsten Ueberlieferungen durchdringenden Vorträge mit ge=

---

* Als er das erste mal zurückkam, rieth ihm seine Rachel, da ihr
Vater sich noch als unversöhnlich zeigte, abermals die Hochschule zu
beziehen um dann als äußerst kenntnißreich in die Heimat kommen
und selbst ihrem Vater imponiren zu können.

spanntester Aufmerksamkeit zu lauschen. In Bene Berak, wo auch Schemaja und Abtalion einst gelehrt haben, hatte er sein Lehrhaus.

Als einst eine furchtbare Epidemie viele seiner Schüler hinwegraffte, wurde dies als göttliche Strafe betrachtet, da sie wohl fleißige Hörer aber nicht wahrhaft fromm genug gewesen sein sollen. Am 18 Ijar, den 23. Tag des Omer, soll angeblich die Pest zu grassiren aufgehört haben, daher der „Lag loomer" heute noch als Schülerfest gefeiert wird.

R. Akibas Wahlspruch war stets: Alles was Gott thut, ist wohlgethan. Die Legende erzählt: Einst befand sich R. Akiba auf einer Reise, wo ein Esel und ein Hahn ihn begleiteten. In der Nacht kam er in ein Dorf, um daselbst beherbergt zu werden, allein die hartherzigen Dorfbewohner wiesen ihn schonungslos zurück. Was Gott thut, ist wohlgethan, rief er aus, und ging mit einem brennenden Lichte weiter, bis er in einen dichten Wald kam. Der Wind löschte ihm das Licht aus, da setzte er sich im Dunkeln nieder, und wiederholte dabei die Worte, Was Gott thut, ist wohlgethan. Eine wilde Katze bringt ihm den Hahn um, ein Wolf zerreißt ihm wieder den Esel, und alle diese Zufälle bringen ihn nicht in Verzweiflung; er ruft vielmehr dabei aus: Was Gott thut, ist wohlgethan. Und er hatte nicht unrecht; denn all diese kleinen Unfälle waren es, die zur Errettung seines Lebens beigetragen haben. Es zeugen übrigens sehr viele Stellen im Talmud von Akibas tief religiösem Gefühle, von seinem Biedersinn, seiner Nüchternheit, Mäßigkeit, Selbstbeherrschung und hohen Charakterfestigkeit.

Um jene Zeit, als Akiba blühte, trat Bar Cochba auf, der seiner Riesenkraft, seines majestätischen Aussehens, seiner Unerschrockenheit wie seines seltenen kühnen Muthes wegen der großen Volksmasse zu imponiren wußte.

Akiba, in dessen Brust die staatlichen Hoffnungen lebendig waren und der sie auch zu verwirklichen aus allen Kräften bestrebt und bemüht war, schloß sich dem Bar Cochba bereitwilligst an. Ja er unternahm sogar deshalb weite Reisen bis nach Kleinasien, um das Feuer der Revolution in den Gemüthern seiner von Hadrian tief bedrückten Glaubensgenossen anzufachen. Wie ein Mann erhoben sich die Juden Asiens und bald stand ein Heer von 100.000 kampfgerüsteten Männern, die nicht nur den Bar Cochba zu ihrem Könige ernannten, sondern sogar ihre Feinde in die Flucht jagten. Bar Cochba ließ, um die Selbst ständigkeit des jüd. Volkes thatsächlich constatiren zu können, jüdische Münzen drucken, die man „Bar Cochba = Münzen" nannte. Allein diese Freude war ihnen nicht lange gegönnt; denn Kaiser Hadrian schickte seinen besten und tapfersten Feld= herrn Julius Severus mit einer sehr bedeutenden Macht nach Palästina, um den Aufstand zu unterdrücken. Diesem Severus gelang es, mehr durch Schlauheit als durch Tapferkeit, dem Gegner alle Lebensmittel abzuschneiden, und auf diese Weise alle festen Plätze wieder abzunehmen.

Nun wurde Jerusalem abermals zertrümmert, die Juden in allgemeinen Blutbädern hingeschlachtet, ohne das Jammern der Mütter, das Krümmen der kleinen unschuldigen Kinder und das Senfzen der Kranken und wehrlosen Greise zu schonen.

Bar Cochba fiel auf dem Felde und der edle Akiba mußte, wie wir später sehen werden, den Tod eines Märtyrers sterben.

Folgende Thatsache, die der Talmud Berachot uns mit= theilt, zeugt von der Seelengröße und Charakterfestigkeit dieses großen Tanaiten. Einst, so wird erzählt, hatte die syrische Re= gierung dem ihr unterthänigen Israel das Studium der Gottes= lehre aufs Strengste untersagt. Da kam Papus b. Jehuda und fand den Akiba, wie er umgeben von großen Zuhörermassen, Vorträge hielt, ohne sich um die Regierung und ihre Verord= nungen viel zu kümmern. Akiba, fragte jener erstaunt, fürchtest du dich denn nicht vor der strengen Regierung? Höre Papus, entgegnete sanft Akiba, ich will dir ein Gleichniß erzählen, das hier am Platze sein mag. Ein Fuchs schlich einst langsamen Ganges am Ufer eines Flußes und bemerkte, wie die Fische zu großen Massen zusammengedrängt, in ängstlicher Hast hier und dorthin Schutz suchend, schwammen. Da sprach der Fuchs zu ihnen: Warum fliehet ihr denn so angstvoll herum, und vor wem? Vor den Netzen fliehen wir, welche die Menschen für uns überall ausbreiten, antworteten sie ihm. Hört, sprach er, so ihr nicht abgeneigt seid, will ich euch einen nicht unannehmbaren Antrag stellen. Kommt nämlich zu mir aufs trockene Land heraus und da wollen wir friedlich und freundlich nebeneinander wohnen, wie meine Väter friedlich neben eueren Vätern wohnten. Ei, sagten die Fische, mit Unrecht wirst du als das schlaueste der Thiere genannt. Du bist vielmehr das thörichteste derselben Sieh doch nun an! Hier im Wasser, in dem Elemente, welches unser Leben bedingt, haben wir Grund zur Besorgniß und Furcht, wie erst dort auf dem trockenen Lande, wo uns die Urbedingung zum Leben fehlt. Dort müßten wir sicher dem Tode verfallen. Dieselbe Bewandtniß, sagte R. Akiba, hat es auch mit uns. Siehe, jetzt wo wir in der Hege und Pflege des Studiums unserer h. Thora beflissen sind, von der es heißt, denn sie ist dein Leben und die Verlängerung deiner Tage, sind wir Gefahren preisgegeben, wie wäre unser Leben erst bedroht, wenn wir aus ihr hinausgingen und sie gänzlich vernachlässigen würden.

Es dauerte nicht lange und R. Akiba wurde seines kühnen Muthes wegen angeklagt und in den Kerker geworfen. Zufällig wurde aber auch Papus eingezogen, weil auch er über eine Anschuldigung, die zwar mit der Religion in keinem Zusammenhange stand, in den Anklagestand versetzt wurde. Als er hier den frommen Märtyrer R. Akiba erblickte, rief er ihm zu: Wohl dir Akiba, denn du leidest des heiligen Gotteswortes wegen, wehe aber dem Papus, den nur eitle Dinge ins Unglück stürzten. (Berach. 61.)

Trotz der strengen Bewachung, der R. Akiba im Kerker unterzogen war, gelang es denn doch den Gelehrten, sich, natürlich mit schwerem Gelde, Agenten zu verschaffen, deren Aufgabe

es war, durch List und Klugheit zu dem frommen Rabbi gelangen und von ihm über verschiedene religiöse Angelegenheiten
Auskunft holen zu können. (Jebam. 108.) Einst zahlten sie einem
Boten 300 Denare, damit er durch List zu ihm dringe und Bescheid in einer casuistischen Frage von ihm überbringe.

Sein Schüler Josua aus Geraja wurde ihm im Kerker
zu seiner Bedienung gegeben. Es war dies die einzige Nachsicht,
die die Ruchlosen gegen den frommen Rabbi hatten. Josua war
aber auch aus allen Kräften bestrebt und bemüht, seinem frommen Lehrer in seiner furchtbaren Situation so viel als möglich
förderlich zu sein. (Erubin 21.)

Als der entmenschte Tyrann Rufus R. Akiba verurtheilte,
wurde der fromme Märtyrer zum Richtplatze geführt, wo ihm
von den Henkern mit eisernen spitzigen Kammzähnen das Fleisch
vom Leibe gerissen wurde.

Still und muthig ertrug er diese furchtbaren Qualen, ja
er las während dieser von wahrer Bestialität zeugenden Operation andachtsvoll das Schema. Als aber die Schüler wehmüthig
ausriefen: So weit geht dies? antwortete er: Es war stets
mein sehnlichster Wunsch das göttliche Gebot: „Du sollst lieben
den Ewigen deinen Gott mit ganzem Herzen, ganzer Seele und
aus allen Kräften" treu zu erfüllen, nun sollte ich mich jetzt,
wo dieser Wunsch in Erfüllung geht, nicht dessen freuen?

Als er das letzte Wort des Glaubensbekenntnisses, das
„Echod" sprach, hauchte er seine edle reine Seele aus. In der
Nacht haben die treuen Schüler seine sterblichen Ueberreste
heimlich genommen und von Cäsarea nach Antipatris gebracht
und dort in einer Höhle beigesetzt. (Midrasch Mischli 9.)

Als R. Akiba, dieser hervorragendste Tanaite, in das
bessere Jenseits abberufen wurde, sagten seine Zeitgenossen von
ihm: Mit dem Tode R. Akiba's wurden die Arme des Gesetzes
gelähmt und die Quellen der Weisheit verstopft. (Sotah Ende).

Sein Scharfsinn wie sein neues Lehrsystem hat seine Zeitgenossen in solch' hohem Grade überrascht, daß R. Tarfon,

der ihm früher überlegen war, ausrief: Wer von dir weicht, weicht von seinem ewigen Leben, was die Ueberlieferung vergißt, das stellst du durch Deutungen wieder her. (Sifri p. Behalotcha).

R. Akiba erleichterte das Studium der Gesetze, indem er sie systematisch in Gruppen ordnete und dadurch dem Gedächtnisse zu Hülfe kam. Das Ordnen der Gesetze führte er auf zweierlei Weise aus; er stellte sie zuerst nach ihrem Inhalte zusammen, so daß alle Gesetze über Sabbat, Ehe, Scheidungen, über Mein und Dein ein Ganzes bildeten. Dadurch gruppirte sich der ganze Stoff in gleichartige Theile, von denen jeder Theil den Namen Masechta (Textus, Fach) führte. Innerhalb jedes Theiles ordnete er die Gesetze dann nach Zahlen, dem Gedächtnisse dadurch eine leichte Handhabe bietend; so wurde z. B. zusammengestellt: aus v i e r Veranlassungen können Beschädigungen an Eigenthum entstehen; f ü n f Menschenklassen dürfen nicht die Priesterhebe ausscheiden; F ü n f z e h n Frauen entbinden wegen Verwandtschaftsverhältnissen von der Schwager-Ehe; s e c h s u n d d r e i ß i g Verbrechen sind in der Schrift mit der Ausrottungsstrafe belegt. Von dieser ordnenden, methodischen Thätigkeit R. Akiba's nach Fächern und Zahlen sagte man: er habe Ringe oder Handgriffe für das Gesetz gemacht, er habe wie in einem wohlgeordneten Schatze, Alles an Ort und Stelle gebracht. (Abot de R. Nathan 18).

Die halachaische Ordnung R. Akiba's führte den Namen Mischna, mit dem besondern Zusatze Mischna des R. Akiba, zum Unterschiede von der späteren Sammlung. Sie wurde auch Midot genannt. (Grätz 4. S. 57).

Auch mit dem Studium der Mystik beschäftigte sich unser R. Akiba, und zwar gemeinschaftlich mit Ben Asai, ben Soma und Elischa b. Abujah. Das Buch Jezira wird auch unserem Akiba zugeschrieben. Während die genannten drei Collegen in Folge der Mystik, der sie sich hingegeben haben, verunglückten — denn von B. Asai heißt es: er schaute und starb, von B.

Soma wieder: er verfiel durch seine Visionen in einen Zustand schwerer Betrübung, und endlich von Elischa b. Abujah, daß er ein Abtrünniger geworden — trat R. Akiba in den Garten der Mystik (Pardes oder das Paradies), glücklich ein und kam auch glücklich heraus. Ben Asai, der frühzeitig von seiner irdischen Laufbahn abberufen wurde, soll der Schwiegersohn R. Akiba's gewesen sein, hatte sich aber bald nach der Vermählung von seiner Frau geschieden, weil er sich, wie er angab, ungestört dem Studium der Gotteslehre hingeben wollte. Nichtsdestoweniger hatte er selber das Cölibat auf das Entschiedenste perhorrescirt. So heißt es im Talmud Jeb. 53 ausdrücklich: Ben Asai lehrt: „Der Cölibatär begeht beinahe einen Mord und schmälert die göttliche Ebenbildlichkeit." Allerdings wurde ihm in Folge dieser Aeußerung von seinen Freunden vorwurfsvoll zugerufen: Ata nach doresch ween naeh mekajem. Du verstehst wohl schön vorzutragen, aber du richtest dich selber nicht nach deinen Worten; allein er entgegnete ihnen hierauf: Was kann ich dafür, daß meine Seele sich gar so sehr für das Studium der Thora begeistert, die Welt kann ja durch Andere bevölkert werden. Ben Asai galt allgemein als Musterbild der Enthaltsamkeit. „Wer Ben Asai im Traume erblickt, darf hoffen, daß er ein Enthaltsamer werde" lautete ein Sprichwort. (Ber. 57). Aus seinen Lehrsätzen: „Eile, wo es gilt ein göttliches Gebot zu erfüllen, und wäre es noch so geringfügig, und fliehe vor jeder verwerflichen That, denn ein gutes Werk zieht das andere herbei, wie eine Sünde die andere; denn der Tugend Lohn ist die Tugend, und der Sünde Strafe ist die Sünde," erhellt zur Genüge, daß er sich durch ein tief religiöses Gemüth ausgezeichnet hatte.

Sein Zeit= und Gesinnungsgenosse Ben Soma galt wieder als Musterbild der Weisheit, so daß man von ihm sprichwörtlich sagte: „Wer Ben Soma im Traume sieht, darf auf Weisheit hoffen". Seine allzueifrige Beschäftigung mit der Kosmologie hatte auch für ihn schlimme Folgen, denn er litt an Geistesverwirrung die mit dem Tode endete. Elischa b. Abuja, der

ebenfalls in die höhere Theosophie eingedrungen war, und allgemein als ein kenntnißreicher Mann galt, wurde ein Abtrünniger und Glaubensverächter. Es wurde ihm daher der Apostaten-
name „Acher" Quidam beigelegt. Elischa stammte aus einer
reichen Familie Jerusalems, genoß frühzeitig eine gute Erziehung,
wurde aber später ein Leugner der göttl. Gebote und huldigte
mehr dem Studium der griech. Literatur. Aus seinem Lehrsatze
(Abot. 4. 20) ist ersichtlich, daß er auf R. Akiba der im vorgerückten Alter erst sich Kenntnisse angeeignet hatte, anspielen
wollte. (Vgl. auch Abot R. Natan 24).

Zu den vorzüglichsten Schülern R. Akiba's gehörten: R.
Maier, R. Juda Ilai, Jose b Halephta, Simon b. Jochai, Elieser
b. Schamua, Elieser b. Jakob und R. Jochanan hassandler. R.
Jismael b. Elischa, den R. Josua in Rom loskaufte und der
zu den würdigsten und hervorragendsten Collegen R. Akiba's
zählte, wird oft als dessen Gegner in der Halacha genannt.
Dieser R. Jischmael stellte , nicht wie Hillel 7 und auch nicht
wie Elieser b. R. Jose hagelili 32 , dreizehn Regeln auf die
dazu dienten die mündliche Lehre methodisch zu ordnen. Sie lauten:

1. Mikal wochomer Ableitung vom Leichtern zum Schwerern,
d. h. wenn bei einem leichtern Gebote eine gewisse Erschwerung
stattfindet um wie viel mehr soll diese Erschwerung bei einem
schweren Gebote anwendbar sein.

2. Analogie im Ausdrucke. Wenn bei zwei Geboten ein
und daselbe Wort vorkommt, so nimmt man an, daß die Nebenbestimmungen des einen auch bei dem andern stattfinden.

3. Analogie in der Sache. Wenn zwischen zwei Geboten
irgend eine Analogie besteht, es sind zum B. zwei Speisegesetze
oder zwei Reinigungsgebote, so können die Nebenbestimmungen
des einen auf das andere ausgedehnt werden.

4. Besondere Bestimmungen nach einem allgemeinen Ausdruck. Wenn ein Gebot erst in einem allgemeinen Ausdruck abge-
faßt ist, und diesem allgemeinen Ausdruck später eine nähere

Bestimmung folgt, so bleibt es bei der näheren Bestimmung, und man nimmt nicht an, daß sie nur beispielsweise dastehe und nicht strenge zu nehmen sei.

5. Allgemeiner Ausdruck nach einer besondern Bestimmung. Wenn dem allgemeinen Ausdruck die nähere Bestimmung vorangeht, so wird die Vorschrift in der möglichsten Allgemeinheit genommen und die nähere Bestimmung wird nicht berücksichtigt.

6. Besondere Bestimmung zwischen zwei allgemeinen Ausdrücken. Wenn zwischen zwei allgemeinen Ausdrücken einer Vorschrift eine nähere Bestimmung steht, so wird zwar die Allgemeinheit durch die nähere Bestimmung beschränkt, die Beschränkung wird aber nicht buchstäblich, sondern bloß beispielsweise genommen, d. h. sie beschränkt nicht auf die angeführten Gegenstände ausschließlich, sondern auf die Gattung, zu welcher die angeführten Gegenstände gehören. So heißt es z. B.: Deuteron. 14. 26. bei dem Gelde, das man für den zweiten Zehend nach Jerusalem bringt: Du sollst das Geld verwenden für Alles, was deine Seele wünschen wird (allgemeiner Ausdruck), für Rinder und für Schafe und für Wein und für geistige Getränke (nähere Bestimmung) und für Alles, was deine Seele dir fordern wird. Allgemeiner Ausdruck). Der Talmud schließt daraus, daß man das Geld, das vom zweiten Zehend herrührt, nur für Produkte des Thierreiches und des Pflanzenreiches verwenden dürfe.

7. Allgemeiner Ausdruck, der einen beschränkenden zur Erläuterung erfordert und umgekehrt. Wenn der allgemeine Ausdruck ohne die Erläuterung, welche er durch beschränkenden erhält in einem falschen Sinne genommen werden könnte, so wird die 4. Regel nicht angewendet, sondern man nimmt die Beschränkung so an, als stehe sie bloß beispielsweise da.

8. Nähere Bestimmung, die vom allgemeinen Ausdrucke getrennt ist. Wenn die nähere Bestimmung nicht mit dem allgemeinen Ausdrucke in Verbindung steht, so daß sie aus der Allgemeinheit einen Gegenstand heraushebt und von ihm

etwas Besonderes aussagt, so wird dieses Besondere auf die All=
gemeinheit ausgedehnt. So sind z. B. Zauberkünste im Allge=
meinen verboten: zwei besondere aber werden mit Todesstrafe
verpönt, und man schließt daraus, daß diese Strafe auf alle
Zauberkünste gesetzt ist.

9. **Besonderes, dem die Bestimmungen des
Allgemeinen theilweise beigelegt werden.** Wenn ein
Gegenstand zu einer Allgemeinheit gehört, und es werden ihm
die Attributionen der Allgemeinheit theilweise beigelegt, so muß
dies im erleichternden Sinne gedeutet werden. Nachdem z. B.
Aussätzige im Allgemeinen gewissen polizeilichen Vorsichtsmaß=
regeln unterworfen werden, hebt die h. Schrift gewisse Arten
des Aussatzes besonders heraus und unterwirft sie diesen Maß=
regeln nun zum Theil, und man schließt daraus, daß sie von
den andern wirklich dispensirt sind.

10. **Besonderes, dem neue Bestimmungen bei=
gelegt werden.** Wenn ein Gegenstand, der zu einer Allge=
meinheit gehört, herausgehoben wird und ihm eine neue Attri=
bution beigelegt wird, so entsteht daraus zugleich eine Erleichterung
und eine Erschwerung; es werden nämlich dem Gegenstande
die allgemeinen Attributionen nicht beigelegt und er ist dafür
den besonderen unterworfen. Die neuen Attributionen werden
übrigens auch auf die Allgemeinheit ausgedehnt, wenn sie auf die
Allgemeinheit anwendbar sind, wie aus der 8. Regel hervorgeht.

11. **Besonderes, dem Bestimmungen beigelegt
werden, die mit den Attributionen der Allgemein=
heit unverträglich sind.** Wenn ein Gegenstand in einer
Allgemeinheit begriffen ist, und es werden ihm Attributionen bei=
gelegt, die mit denen der Allgemeinheit unverträglich sind, so
hört dadurch seine Gemeinschaft mit der Allgemeinheit ganz auf,
so daß selbst seine neuen Attributionen, die sich auf die Allge=
meinheit anwenden ließen, als Ausnahme von der 8. Regel,
ihm eigenthümlich bleiben, wenn die heilige Schrift nicht anders
verfügt.

12. **Auslegen einer Stelle durch die, welche mit ihr in Verbindung stehen.** So wird z. B. angenommen, daß das Verbot, Du sollst nicht stehlen, welches in den zehn Geboten steht, sich nicht wie das Levit. 19. 11. auf Gelddiebstahl, sondern auf Menschendiebstahl beziehe, auf welchen Todesstrafe gesetzt ist, weil die nahe stehenden Verbote: Du sollst nicht morden, du sollst nicht ehebrechen, auch mit Todesstrafe verpönt sind.

13. **Scheinbare Widersprüche.** Wenn sich in der h. Schrift scheinbare Widersprüche finden, so darf man nicht beide Stellen als unbegreiflich unberücksichtigt lassen, sondern man muß forschen, ob nicht die h. Schrift selbst den Widerspruch auflöst, oder ihn selbst aufzulösen suchen. (Vgl. Creizenach Tharjag). R. Ismael, der ein gediegener Kenner der griechischen Sprache war und sie auch Andern zur Erlernung empfohlen hatte, gilt auch als Verfasser der Mechilta, des ältesten hala chaischen und hagadaischen Midrasch.

R. Ismael domicilirte in Kephar-Aziz in Süd-Judäa, er lebte vom Weinbau, war sehr bemittelt und äußerst wohlthätig. Er wie sein Zeitgenosse R. Tarphon (Tryphon) gehörten zu den erbittertsten Gegnern der die jüdischen Gelehrten der damaligen Zeit mit ihren Disputationen belästigenden Minäer, Judenchristen. Beide gestatteten sie die Schriften dieser Ketzer zu verbrennen, obschon in ihnen der Name Gottes vorkömmt. (Sabb. 11 b. a.) R. Ismael wollte nicht einmal dem Sohne seiner Schwester, Namens Ben Doma, der von einer Schlange zu Tode gestochen wurde, erlauben einen gewissen Jacobus, der ihn heilen wollte, zu sich kommen zu lassen, weil jener ein Minäer war. Und als Ben Doma in Folge der Verwundung starb, rief Ismael jubelnd aus: Heil dir Ben Doma, daß deine Seele rein aus dieser Welt gezogen. (Abod. Sara 27.)

Wenn man übrigens bedenkt, daß die Minim sich zumeist mit der Heilkunst befaßten, weil ihnen hiedurch gleichsam Gelegen heit geboten wurde ihre Stammgenossen für ihre Anschauungen gewinnen und in ihre Schlingen fangen zu können, so wird

man auch diese sonst als fanatische Härte erscheinende Ver=
fahrungsweise R. Ismaels erklärlich finden. Es will uns auch
bedünken, daß der Talmud sich deshalb an mehreren Stellen
gegen die Heilkünstler mißliebig äußert, weil sie wahrscheinlich
ihre Kunst zum Nutzen und Frommen ihrer Parteizwecke aus=
zubeuten suchten. So z. B. heißt es (Pesach 113): man wohne
nicht in einem Orte, wo der Arzt der Gemeindenvertreter ist
al tadir bair deresch mata Asje. ferner (Kid. 82) der beste
der Aerzte gehört in die Hölle tob scheberofim ligehinom und
endlich (Sanhedr. 99). Die Anhänger des Arztes Benjamin
pflegten geringschätzend auszurufen: Was können uns die Rabbiner
nützen, wenn sie uns weder den Genuß der Raben zu gestatten,
noch den der Tauben zu verbieten vermögen. Man ahanu lon
Rabbanon.

R. Ismael hatte sein eigenes Lehrhaus, das man mit
dem Namen Be=Rabbi Jismael bezeichnet hatte. In der hadria
nischen Verfolgungszeit erlitt auch er den Märtyrertod und sein
Gegner in der Halacha der edle R. Akiba, den später dasselbe
Loos traf, widmete ihm einen tief ergreifenden Nachruf.

Auch die verwaisten und die verarmten jüd. Mädchen,
die sich R. Ismaels väterlicher Fürsorge zu erfreuen hatten,
stimmten nach seinem Tode Klagelieder an. So heißt es in
der Mischna (Nedr. 66). Als R. Ismael das Zeitliche gesegnet,
da erhoben die Mädchen Israels Klagestimmen und riefen
seufzend aus: O Töchter Israels! Vergießet Thränen über den
Verlust, den wir durch den Tod R. Ismaels erlitten haben,
so wie es bei Saul heißt: „Ihr Töchter Israels weinet wegen
Saul". Aus der beregten talm. Stelle ist auch zu entnehmen, daß
das Einsetzen falscher Zähne schon in der tanaitischen Zeit
gang und gäbe war, und daß R. Ismael diese Kunst trefflich
verstanden hatte.

R. Ismaels Wahlspruch lautete: Sei nachgiebig gegen die
Vertreter im Volke, gefällig gegen die Jugend und komme jedem
Menschen auf das Freundlichste entgegen. (Abot. 3. 12.)

Wie von R. Akiba (Sanhedr. 77) wurde auch von ihm
die Ehelosigkeit perhorrescirt. (Kid. 29.) Wie R. Akiba sich
lobend über die Arbeit geäußert, indem er gesagt: Die Arbeit
ist von großer Wichtigkeit, sie ehrt den Mann, ferner, halte es
nicht unter deiner Würde, irgend eine Arbeit, und wäre sie noch
so niedrig, zu verrichten, und sage nicht: „Ich bin ein Priester,
ein großer Mann", empfahl auch R. Ismael einen Theil der
Zeit der Landwirthschaft und Feldarbeit zuzuwenden.

XI.

R. Meir.

Einer der bedeutendsten und würdigsten Schüler R. Akibas
war der schon in seiner Jugend durch seltene Geistesgaben
glänzende R. Meir, dessen eigentlicher Name Miasa oder
Moise gewesen sein soll. (Joachsin.) Einer talm. Sage zufolge,
soll er von einer Proselytenfamilie, vom Kaiser Nero nämlich,
abgestammt sein. Es wird nämlich (Gittin 56.) folgendes hierüber
erzählt. Als der römische Feldherr Befehl hatte gegen Jerusalem
zu ziehen, nahm er zu einem gewöhnlichen abergläubischen
Mittel, wie es in damaliger Zeit üblich war, seine Zuflucht.
Er schoß nämlich einen Pfeil ab, um zu sehen, welche Richtung
er beim Falle nehmen werde. Der Pfeil fiel aber immer gegen
Jerusalem. Hieraus schloß der Feldherr, daß Gott selber den
Untergang Jerusalems wünsche und trat ungesäumt seinen Feldzug
an. Eines Tages jedoch begegnete er einem israelitischen Knaben,
von dem er verlangte, daß er ihm sofort die erste beste Stelle
aus der h. Schrift, die ihm in den Sinn kommt, sage. Der
Knabe recitirte ungesäumt eine Stelle aus dem Projeten
Ezechiel 25, welche besagte, daß Gott der Herr einst die Zer-
störer Jerusalems und des Tempels bestrafen werde. Der
Feldherr erschrak sehr und rief aus: Ich soll .also blos das
Werkzeug des göttlichen Zornes sein, und dann wird wieder

6

die Reihe an das Werkzeug kommen. Nein nimmermehr! Möge sich zu diesem Geschäfte wer immer gebrauchen lassen, ich meiner= seits gebe mich nicht dazu her. Er entließ die Armee, wurde Israelite, und von ihm ist dann R. Meir abgestammt. R. Meir betrieb das Geschäft eines Abschreibers, denn er schrieb eine zierliche Handschrift. Er besaß im Abschreiben eine solche Fertig= keit, daß er einst das Buch Ester aus dem Gedächtnisse ohne Fehler copirte. (Midrasch Kohelet 18.) Seine wissenschaftlichen Vorträge sollen in solch hohem Maße anziehend gewesen sein, daß seine Schüler selbst beim Vortrage geringfügiger Gegen= stände höchst gespannt und aufmerksam waren; denn er ver= stand es, durch Einflechtung von höchst picanten Erzählungen und Fabeln das Thema interessant zu machen. Dreihundert Fabeln soll er gedichtet haben. Als Lieblingsschüler R. Akibas erhielt er schon frühzeitig von ihm die Weihe, fand aber seiner großen Jugend wegen keine Anerkennung, was ihm wohl zu dem Ausspruche: „Schau nicht auf den Krug, sondern auf das was darin ist, denn es gibt neue Krüge voll des alten Weines und alte Krüge, darin nicht einmal neuer Wein ist" (Abot 4. 27.) Veranlassung gegeben haben mochte. Seiner hohen Gelehrsam= keit wegen erwarb er sich einen so großen Namen, daß die Rabbiner von ihm sagten: Wenn R. Meir lehrt, so ist's als würde er Berge entwurzeln und sie aneinander reiben. Ferner: „Wer nur R. Meirs Stab berührt, wird schon weise." Die Hochfrommen haben ihn jedoch ob seiner Anhänglichkeit an seinen gnostischen Freund Elischa b. Abuja, dessen Vorlesungen er fleißig besucht, mit Eifer angehört und dessen Ansichten er stets unter dem Namen „Acher" erwähnt hatte, verdächtigt und verunglimpft. Die Klugen und Besonnenen unter ihnen aber entschuldigten ihn und sagten: R. Meir hat einen Granat= apfel gefunden, den Kern davon benützte er und die Schale warf er fort.

Einst begleitete R. Meir seinen Meister am Sabbat zu Fuß, während Acher ein Pferd ritt. Als sie sich etwas weit

entfernt hatten, rief Acher seinem Schüler zu: „Kehre um, denn
du darfst nicht weiter gehen, da hier die Sabbatgrenze ist."
Kehre auch du um mein Lehrer', entgegnete ihm R. Meïr,
kehre zurück zu deinen Brüdern, zu dem Glauben deiner Väter.
Nein, rief der Abtrünnige, nein, eine himmlische Stimme hat
mir bereits zugerufen: „Alle Bußfertigen haben Hoffnung er=
hört zu werden, nur nicht Acher." Als Acher später auf dem
Krankenlager seinem herannahenden Ende entgegensah, eilte
R. Meïr zu ihm und benützte diesen höchst ernsten Moment
um ihn zu bekehren. Nachdem R. Meïr ihm den Psalmvers
citirte: „Es kehre der Mensch um bis zur Zerknirschung der
Seele" weinte Acher heftig und verschied. R. Meïr war stolz
darauf, daß es ihm gelungen ist seinen Meister in der letzten
Stunde umzustimmen.

Der Umstand, daß Achar's Grundsätze in Abot 4 und
Abot de R. Nathan 24 Aufnahme gefunden, spricht dafür, daß
es seinem Schüler R. Meïr denn doch gelungen sein mußte
ihn eines bessern belehrt und zur innigen Reue angeregt zu
haben, denn sonst würden die Rabbiner es gewiß sorgfältig
unterlassen haben Achar's, der von ihnen seines tief entsittlichten
und entarteten Lebenswandels wie seiner lügenhaften Denuncia=
tionen wegen gebrandmarkt und an den Pranger gestellt wurde,
zu erwähnen. Nach Ansicht der Rabbiner gerieth Achar nur
durch seine Beschäftigung mit griechischen Dichtungen, griechischer
Philosophie und gnostischen Werken auf Abwege, die ihn seinem
Untergange entgegenführten. Als er im Lehrhause saß, so wird
von ihm erzählt, fielen ihm ketzerische Bücher aus der Busen=
tasche. Harba Sifre toim nosehrin mecheko (Chag. 16.) Aus
dieser tal. Stelle läßt sich vermuthen, daß Acher von der, von
den Rabbinen mit Recht verpönten Lehre der „Minim" ange=
steckt war, daher sich R. Meïr umsomehr alle erdenkliche Mühe
gab ihn dem Judenthume wieder zurückzuführen, als er be=
fürchten mußte, daß eine gelehrte Persönlichkeit wie Elischa b.
Abuja als „Minäer" heillosen Schaden anrichten könnte.

Wenn die tal. Nachricht, daß Achar seine Stammesge=
nossen, die sich eifrigst mit dem Studium des Gesetzes befaßten,
bei den Römern denuncirt und die Jugend aus den Schulen
gejagt hatte, auf Wahrheit basirt, woran zu zweifeln wir keine
Ursache haben — denn zu allen Zeiten waren es zumeist und
zuvörörst die Apostaten, die dem Judenthume die furchtbarsten
Wunden geschlagen haben — so wird man auch den unver=
söhnlichen Haß und Groll der Rabbinen gegen Achar leicht
begreiflich und vollkommen gerechtfertigt finden.

Die Gattin R. Meirs hieß Beruria, Tochter des Mär=
tyrers R. Chanina b. Tradion. Von der Natur mit den
schönsten Geistesgaben beglückt, erwarb sie sich einen bedeutenden
Ruf in der gelehrten Welt. Ja sie genoß beinahe das Ansehen
eines Tanaiten.

Beide waren sie im höchsten Maße gottergeben und ver=
zweifelten selbst in den fürchterlichsten Situationen nicht. An
einem Sabbat sind ihm einst seine beiden Söhne plötzlich ge=
storben, während er im Lehrhause Vorträge hielt. Beruria, die
treuherzige Mutter, trug sie ins Schlafgemach, legte sie ins
Bett und bedeckte sie mit einer Decke, sagte jedoch ihrem Gatten
nichts davon, um ihn am Sabbat durch eine Trauerpost nicht
zu betrüben. Als R. Meir des Abends nach Hause kam, fragte
ihn Beruria, ob man denn verpflichtet sei, ein anvertrautes
Gut dem Eigenthümer zurück zu erstatten. Und du kannst noch
eine solche Frage an mich richten, rief R. Meir verwunderungs=
voll aus? Hierauf führte sie ihn in das Zimmer, wo die
beiden Kinder entseelt lagen. Bei diesem furchtbaren Anblicke
schrie der fromme Rabbi: meine Söhne! meine Söhne! Beruria
tröstete ihn, daß die Kinder nur ein von Gott anvertrautes
Gut waren, die nun jetzt der Eigenthümer zurückverlangt hat
Siehe der Herr hat sie gegeben, der Herr hat sie uns wieder
genommen, gepriesen sei der Name des Ewigen. Diese Worte
wirkten tröstend und besänftigend auf sein tief verwundetes Herz.

Als R. Meir einst von einigen gottlosen Menschen in der

Nachbarschaft beunruhigt wurde, fühlte er sich in seiner Ent=
rüstung veranlaßt die Worte des Psalmisten 104, 35 auszu=
rufen. Beruria aber unterbrach ihn und sagte, daß der Psalmist
keinesfalls gemeint habe, daß die Sünden von der Erde schwinden
sollen, sondern die Sünde. In ihren Disputationen mit Juden=
christen wußte sie stets den Sieg davon zu tragen. (Vrgl.
Berachot. 10. 1.)

Beruria pflegte öfters auf ihre Stärke und Standhaftig=
keit in religiös=sittlicher und moralischer Beziehung zu pochen,
und zu behaupten, daß sie mächtig genug sei, jeder Art Ver=
führung entgehen und trotzen zu können.

R. Meir war unvorsichtig genug, einen seiner schönsten
und liebenswürdigsten Schüler zu veranlassen, sich mit seiner
Gattin Beruria in ein näheres vertrauliches Verhältniß einzu=
lassen und sie zu einem Rendezvous zu bewegen. Als es dem=
selben endlich gelang, die sonst standhafte Beruria zu einem
Rendezvous zu verlocken, erschien an bestimmten Orte R. Meir
anstatt des Schülers. Vor Gram und Schmach entleibte sie
sich. R. Meir, tief gekränkt ob des Vorgefallenen, entfloh nach
Babylon, heirathete dort eine zweite Frau und kehrte später
nach Judäa zurück.

Auch mit nicht jüdischen Gelehrten pflog er Umgang.
Sein Wahlspruch lautete: Betreibe das Gewerbe nur mäßig
und befasse dich dafür fleißiger mit der Lehre. Sei bescheiden
gegen jeden Menschen. Abot (ibid.)

Seine Bescheidenheit grenzte an Selbstverleugnung. (Jer.
Sota 16.) R. Meir suchte die Wichtigkeit des Studiums der
Lehre seinen Zeitgenossen durch folgende Sprüche zu veran=
schaulichen: Wer sich mit dem Studium der Thora aus reiner
Absicht befaßt, der erlangt viele Güter und Segnungen, und
alle Welt weiß seinen Werth zu würdigen. Er heißt ein Freund
Gottes, der Geliebte des Herrn, er liebt Gott und liebt die
Menschen, erfreut Gott und die Menschen. Die Thora bekleidet
ihn mit Demuth und Gottesfurcht und befähigt ihn gerecht,

fromm, redlich und treu zu sein; hält ihn fern von jeder Sünde und spornt ihn an zu jeder Tugend. Es erfreuen sich andere seines Heiles; denn es steht geschrieben (Spr. 8, 14.): „Bei mir ist Rath und Heil, ich bin der Verstand, in mir ist die Kraft."

Sie gewährt ihm ferner hohe Würde und Herrschaft, ein gründliches Urtheil im Gericht, und enthüllen sich ihm die Geheimnisse der Gotteslehre. Er ist ein unversiegbarer Quell, ein Strom, der stets wächst, dabei bescheiden, langmüthig und versöhnlich. Kurz, die Thora macht ihn groß und erhöhet ihn über alle Geschöpfe. (Abot b. 1.)

R. Meir war troz seiner strengen Religiosität höchst tolerant und milde. Als sein nicht jüdischer Freund Enonymos aus Gabara über den Tod seiner Eltern Trauer hatte, besuchte er ihn, um sein Beileid ihm zu bezeugen. Nichtsdestoweniger war er ein unerbittlicher Feind der gottlosen Idioten (vgl. Pesach. 49.)

Seine halachischen Entscheidungen wurden, so sie mit denen des R. Jehuda in Widerspruch standen, nicht berücksichtiget. Seine Erschwerungen „Geseroth" hingegen wurden allgemein acceptirt. Seine Schwägerin, die in Gefangenschaft gerieth, aber nicht entehrt wurde, soll er heimlicher Weise gerettet haben, daher er sich nach Babylon flüchten mußte. Nachdem er nach seiner Rückkunft aus Babylon nach langer Zeit in Tiberias lehrte, beschloß er in Kleinasien sein thatenreiches mit der Krone des guten Rufes geschmücktes Leben. Der bereits genannte R. Jehuda war als ein gediegener Redner und kluger Mann allgemein bekannt. Er ernährte sich von einem Handwerk. Sein Wahlspruch war: Die Arbeit macht dem Arbeiter Ehre. (Nedar. 49.)

XII.

R. Chanina b. Teradion.

Dieser fromme Tanaite, der zu den 10 Märtyrern gehörte, die in den durch die Bar-Kochbaische Revolution herauf-

beschworenen traurigen und verhängnißvollen Zeiten schonungs=
los hingeschlachtet wurden, war für das Studium der Gottes=
lehre so ganz begeistert, daß er folgenden Grundsatz aufstellte:
Wenn zwei beisammen sitzen und sich nicht von der Tohra
unterhalten, so gehören sie zu den Spöttern, denn es heißt
(Psalm 1, 1): „Wohl dem, der nicht sitzt, wo Spötter sitzen.“
Wo aber zwei beisammen sitzen, die sich von der Lehre unter=
halten, so ist die Herrlichkeit Gottes unter ihnen; denn es steht
geschrieben (Malachi. 3, 16): „Da reden die Gottesfürchtigen
einer mit dem andern, und Gott der horcht und höret zu, und
es wird geschrieben ins Buch des Gedächtnisses vor Gott und
für die Gottesfürchtigen, die an ihn denken, seinen Namen ehren.“
(Abot 3, 2.)

Da er sich trotz des hadrianischen Verbotes mit dem Stu=
dium der Gotteslehre befaßte, wurde er gleich den andern
Heroen hingerichtet. Als Almosenvorsteher war er in seinem
Amte so scrupulös, daß er, als ihm einst eine bedeutende Summe
seines Geldes mit den ihm anvertrauten Almosengeldern ver=
mischt wurde, Alles als Almosengelder betrachtet und unter die
Armen vertheilt hatte. Seine Tochter war die ihrer hohen
Geistesgaben wegen berühmt gewesene Beruria, die Gattin R.
Meir's. Als ihr einst R. Jose hagelili begegnete und sie ansprach:
Welcher Weg führt hier nach Lydda? entgegnete sie ihm iro=
nisch: Galiläer, kennst du denn nicht den Spruch der Weisen:
Man möge nicht zu viel Worte mit einer Frau sprechen, du
hättest weit kürzer fragen können: „Wohin nach Lidda.“ (Erub. 53.)

In einem Halachastreit mit R. Josua entwickelte sie solch
staunenswerthe Gelehrsamkeit, daß er sich genöthigt sah, ihr
beizupflichten. (Tosephta Kehlim Abschs. 11.)

In einer Unterredung, die sie einmal mit einem Sadducäer
hatte, gelang es ihr, seine Angriffe, die er sich in spöttischer
Weise auf das Judenthum erlaubte, in geistreicher Weise zurück=
zuweisen. (Ber. 10.)

Außer R. Chanina b. Teradion mußten auch die hervor=

ragenden Tanaiten R. Elieser b. Schamua, R. Jeschebab, R.
Chanina b. Chakinai, Jehuda b. Dama, R. Akiba, R. Chuzpith,
R. Jehuda b Baba nach dem Falle Bethars den Märtyrertod
erleiden. Diese hier genannten 8 Tanaim nebst den zwei Ta=
naim R. Simon b. Gamliel I. und R. Ismael hakohen, die
während der Zerstörung Jerusalems umkamen, bilden die „zehn
Märtyrer" Aseret haruge Malchut.

XIII.
R. Simeon b. Jochai.

Ein College R. Meirs und ebenfalls würdiger Schüler
R. Akibas, war R. Simeon b. Jochai aus Galiläa, den die
Nachwelt sogar für den Verfasser des „Sohar" gehalten
hatte, wozu zweifelsohne seine düstere Gemüthsart Veranlassung
gegeben haben mochte. Seinem Lehrer Akiba war er mit einer
unaussprechlichen Treue anhänglich, was aus folgender tal.
Stelle zur Genüge erhellt. Als R. Akiba, so wird erzählt, auf
einen bloßen Verdacht hin verhaftet wurde, besuchte ihn sein
treuer Schüler Simon b. Jochai und bat ihn um Aufschluß
über zweifelhafte Dinge. R. Akiba entgegnete: Ich darf es
hier nicht wagen, Lehren zu verbreiten. Wenn du mich nicht
belehrst, sagte der eifrige und wißbegierige Schüler, so werde
ich dich durch meinen Vater bei der Regierung verdächtigen
lassen.

Akiba erwiderte: Mein Sohn, die Kuh will noch lieber
säugen, als das Kalb saugen, allein ich fürchte die Regierung.
Simeon wendete hierauf ein: Ich meine, daß hier das Kalb
eher in Gefahr ist als die Kuh. Wenn du hängen willst, ent=
gegnete der fromme Akiba, so knüpfe dich an einen hohen Baum.
Wenn du lehren willst, so benütze ein correct geschriebenes Buch.
Damit wollte er ihm gleichsam andeuten, daß er jetzt bei ihm
nichts lernen könne. (Pesach. 112.) Während sein Vater Jochai,

wie aus der in Rede stehenden talm. Stelle zur Genüge erhellt, ein Römerfreund und bei der Regierung einflußreich gewesen ist, gerieth er als entschiedener Feind der römischen Regierung mit derselben in Conflict. So wird im Talmud erzählt: Einst saßen R. Jehuda, R. Jose b. Chalaphta und R. Simeon b. Jochai nebeneinander und Juda b. Gerim belauschte ihr Gespräch.

Da ergriff R. Jehuda das Wort und rühmte die Bau= werke der Römer. R. Jose schwieg, aber R. Simeon b. Jochai tadelte frei, offen und unumwunden die Selbstliebe, den Eigen= nutz und Egoismus der Römer. Er entgegnete, alles was die Römer thun, geschieht keinesfalls, wie du annehmen zu dürfen glaubst, aus Humanität und Menschenfreundlichkeit, sondern einzig und allein aus Selbstgefälligkeit und Eigennutz. Diese tadelhafte Aeußerung wurde dem Staathalter durch Jehuda b. Gerim hinterbracht und R. Simeon mußte, um der über ihn verhängten Todesstrafe entgehen zu können, die Flucht ergreifen und sich in einer Höhle mit seinem Sohne Elieser verbergen. Von Johannisbrod und Quellenwasser sich nährend, blieben sie angeblich 13 Jahre in der Höhle verborgen, wo sie sich mit dem Studium der Halacha und der Verrichtung inbrünstiger Gebete befaßt hatten. Endlich soll der Profet Elias ihnen die erfreuliche Nachricht von dem Tode des römischen Kaisers überbracht haben, worauf sie ihren Versteck verließen u. s. w. (Sabbat 33.)

Als einige Jahre später, unter der Regierung Antoninus Pius, den Israeliten von Seite des Statthalters im Namen der Regierung die Beobachtung dreier wichtigen Gebote strengstens untersagt wurde, begab sich R. Simeon b. Jochai nach Rom, um den Monarchen für die Sache der Israeliten zu gewinnen, was ihm auch thatsächlich gelang. (Meila 17 und vgl. auch Frankel Darke ha Mischna. 169.)

In den Quellen des Tiberiassees badete er seinen, durch den langen Aufenthalt in der Höhle zerstörten Körper. Das Buch Siphri soll von ihm verfaßt worden sein. Seine erhabenen Grundsätze zeugen von seinem sittlich reinen Charakter wie von seinen humanitären Bestrebungen. Er sagte: Es ist weit verdienst= licher die Eltern zu verehren, als dem lieben Gotte Opfer zu bringen, denn von letzterem sind die Armen befreit, von ersterem aber nicht. (Peah. 1.) Der Hochmüthige und Stolze gleicht einem Götzendiener (Sotha 4.) Die Ausübung religiöser Vorschriften mit entwendeten Dingen, wie z. B. mit einem gestohlenen Lulab, ist sündhaft. (Sueah 30.) Eher soll sich der Mensch in einen glühenden Ofen stürzen als daß er seinen Nebenmenschen öffentlich beschämt. (Chet. 67.)

Da er, wie keiner seiner Zeitgenossen, die Beschäftigung mit dem Ackerbau, wie überhaupt jedes Streben nach materiellen Gütern verschmäht und verachtet hatte, so hielt er sich und seinen Sohn für die einzig würdigen Vertreter der Religion. Daß diese unrichtige Ansicht blos seiner düsteren Gemüthsstimmung zugeschrieben werden konnte, ist selbstverständlich.

Nach seinem Tode wurde er von der Nachwelt als Wunder= mann verehrt und mehrere hundert Jahre später gar als Ver= fasser des „Sohar" anerkannt."

XIV

Eliasar Sohn Simeon b. Jochai.

Eliasar, der Sohn des als Mystiker wie als Gesetzeslehrer berühmten R. Simeon b. Jochai, war ein Schüler des R. Simeon b. Gamliel und College des nachmals berühmten R. Jehuda ha=naßi und R. Josua b. Korcha's. Während sein Vater R. Simeon b. Jochai ein Erzfeind der römischen Regierung gewesen, gerirte er sich als wahrer Römerfreund und benützte jede Gelegenheit, um für dieselbe, wenn es auch zuweilen auf Kosten seiner Glaubens= und Stammesgenossen geschehen ist, Propaganda zu machen. In dem Rausche seiner Römerfreundlichkeit vergaß er sich so weit, daß er sich von der römischen Regierung, die wuthent= brannt und racheschnaubend auf die jüd. Freibeuter fahndete,

zum Rathgeber gebrauchen und an die Spitze der hiezu ent=
sendeten Söldlinge setzen ließ. (Baba Mez. 83.)

Als er von den Gesetzeslehrern, die ihn Chomez ben
Jojin, Essig Sohn des Weines, d. h. Böser Sohn des Edeln,
nannten, hierüber mit Vorwürfen überhäuft wurde, indem sie
ihm zuriefen: „Du überlieferst das Volk Gottes dem Tode"
entgegnete er: Ich beabsichtige blos den Weinberg des Herrn
von den schädlichen Dornen zu reinigen. Diese Entschuldigung
aber fertigten sie mit den Worten: „So möge der Herr des
Weinberges kommen und selbst die Dornen vernichten" einfach
ab. (ibid.)

Nichtsdestoweniger fuhr er fort die Römer in ihrem Vor=
haben, nämlich die jüd. Freischaaren auszurotten, kräftigst zu
unterstützen. Als ihm einst ein Wäscher den Schimpfnamen
„Chomez b. Jajin" zurief, ließ er ihn ans Kreuz schlagen.
Tiefe Reue empfand er jedoch später ob der begangenen Unthat
und erbat sich peinliche Leiden als Sühne für seine Sünden.
Die Erbitterung der Gesetzeslehrer war so groß gegen ihn, daß
er der Befürchtung Raum geben zu müssen glaubte, seine Collegen
werden ihm sogar nach seinem Tode die letzte Ehre versagen, daher
er seine Frau ersuchte seine Leiche nicht sofort beerdigen sondern
in einem der obern Gemächer aufzubewahren und liegen zu lassen.

In Akbara, einer Stadt Nordgalliläas, hat er das Zeit=
liche gesegnet, und nach seinem Tode ließ seine Frau seinem
letzten Willen gemäß seine Leiche in das obere Gemach legen.
Er soll 18—20 Jahre unbeerdigt geblieben sein. Endlich ent=
schlossen sich die Gesetzeslehrer ihn zu bestatten, was jedoch die
Bewohner von Akbara durchaus nicht zugeben wollten, weil
sie der Ansicht waren, daß die Leiche Eleasars sie gegen Ein=
fälle der wilden Thiere geschützt hätte. Am Rüsttage des Ver=
söhnungstages, wo die Bewohner Akbaras anderweitig beschäftigt
waren, wurde die Leiche durch einige Bewohner der Nachbarstadt
Biria heimlich entfernt und in die Höhle von Meron, wo sein
Vater beigesetzt wurde, gebracht. (Bab. Mezia 84.)

Eliasar b. Schimeon war ein entschiedener Gegner des R. Jehuda I., was aus seiner Aeußerung über das Patriarchat zu entnehmen ist. Dieselbe lautet: „Nicht eher wird der Messias erscheinen, bis alle Richter und Beamten aus Israel geschwunden sein werden. (Sanhedr. 95.) Nichtsdestoweniger sprach sich R. Jehuda I. lobend über seine Gelehrsamkeit aus und bedauerte nur, daß er sich früher von den Römern zur Unthat verleiten ließ: „Wie viel ist durch die Frevlerin (römische Regierung) untergegangen" rief der fromme Patriarch aus. (vgl. B. mezia ibid.)

XV.

R. Simeon b. Gamliel II.

Nach dem Tode R. Gamliels des II. wurde die Patriarchenwürde seinem Sohne R. Simeon, der dem Blutbade in Jabne, wie der über ihn von Rufus, dem Tyrannen, verhängten Todesstrafe glücklich entronnen ist, übertragen.

Nach dem Falle Betars ließ nämlich Rufus, dieser furchtbare blutdürstige Tyrann, auch auf ihn fahnden. Der Quästor jedoch, dem der Auftrag ertheilt wurde, Simeon b. Gamliel ergreifen und in den Kerker werfen zu lassen, ließ, da in dessen Brust ein menschlich fühlenderes Herz als in der des elenden Rufus schlug, dem Simeon heimlich einen Wink geben, worauf dieser eilends die Flucht ergriff und sich längere Zeit in Babylonien aufhielt.

Nach dem Tode Hadrians kam er zurück nach Jabneh, um das Patriarchat, das seine Ahnen lange tact- und würdevoll bekleidet hatten, zu übernehmen. Die hervorragendsten Gelehrten schaarten sich um ihn und fühlten sich glücklich, nachdem die Selbstständigkeit des jüd. Staates geschwunden war, hier einen Centralpunkt gefunden zu haben,

Man nannte diese Gelehrtenversammlung „Kerem bejabne", „Weinberg in Jabne."

R. Simeon fungirte in den Sitzungen des Synhedrion als „Nassi", R. Meir als „Chacham" und R. Natan als „Ab Bet Din". Von R. Simeon besitzen wir viele Entscheidungen über das Ritualgesetz, wie über das Civilrecht. Von der Wichtigkeit seines Amtes und seiner Stellung tief durchdrungen, glaubte er dasselbe dadurch hoch halten zu müssen, indem er anordnete, dem Nassi mehr Aufmerksamkeit zu zollen als dessen Beisitzern. Es war nämlich üblich, daß die Anwesenden, so oft eines der Synhedrialmitglieder eintrat, sich von ihren Sitzen erhoben, um also ihre Hochachtung auf die unzweideutigste Weise der betreffenden Person erweisen zu können. Diese Gleichberechtigung fand R. Simeon, obschon seine Collegen ihm geistig überlegen gewesen zu sein scheinen, für durchaus unstatthaft.

In Abwesenheit genannter Collegen traf R. Simeon die Anordnung, daß die sämmtlichen Anwesenden in der Folge nur beim Eintritte des Nassi aufstehen müssen und sich nur dann setzen dürfen, wenn er es ihnen gestattet haben wird, hingegen beim Eintritte des „Ab bet Din" braucht nur die vordere Reihe von beiden Seiten aufzustehen, die sich, sobald er an seinen Platze gelangt ist, wieder anstandslos setzen kann. Wenn der Chacham eintreten werde, so sollen immer einer nach dem andern aufstehen u. s. w.

Die beiden Collegen, ob der ihnen zugefügten Zurücksetzung tief entrüstet, verabredeten sich, um sich rächen zu können, ihn in den nächsten Versammlungen mit Fragen, die er aus Mangel an Vorbereitung nicht sofort beantworten zu können in der Lage sein werde, zu behelligen, wodurch er öffentlich compromittirt und genöthigt sein werde, sein Amt, auf das er so stolz war, niederzulegen. Allein die Verabredung der beiden Collegen wurde dem Patriarchen hinterbracht, er konnte sich daher genügend vorbereiten, um nicht öffentlich blamirt zu werden. Nach Beendigung seines Vortrages theilte er der Versammlung das

Vorhaben seiner beiden Collegen mit und es war ihm jetzt ein Leichtes, ihre Ausschließung durchzusetzen. Sie mußten eine Zeit=lang vor der Thüre des Versammlungssaales stehen. Nichts=destoweniger waren sie bemüht, den Vorsitzenden ihre geistige Ueberlegenheit dadurch fühlen zu lassen, indem sie sehr verfäng=liche Fragen in den Saal sandten, die er, Simeon nämlich, nicht immer beantworten konnte, und ihm daher nur Verlegen=heiten verursachten. Man sah sich in Folge dessen genöthigt — denn Wissen ist Macht — sie wieder in den Saal einzulassen. Um sie jedoch ein wenig zu demüthigen, wurde beschlossen, ihre Entscheidungen und Ansichten nicht mehr in ihrem Namen zu tradiren, sondern R. Meirs Ansichten wurden mit der Bezeich=nung „Acherim omerim" „Andere sagen" und R. Natan's Anschauungen mit „Vejesch omerim" „Einige sagen" ange=führt. (Vgl. Horiot 16.)

R. Simeon wünschte den Gerichtshof auf das Piedestal der Unantastbarkeit zu erheben, daher er jedem Acte desselben, selbst wenn er auf einem Irrthum beruhte, volle Rechtskraft eingeräumt wissen wollte. (Vgl. Ketubot 99.) Unter seinem Präsidium wanderte das Synhedrion nach Uscha, wo manche Einrichtungen getroffen wurden, und als die Zeiten günstiger wurden, kam das Synhedrion mit seinem Präsidenten wieder nach Jabne zurück. (Roch. hasch. 31.) Gleich R. Josua b. Chananja war auch er bestrebt, dem Volke das Gesetz so viel als möglich zu erleichtern. Er hatte daher den Grundsatz auf=gestellt, man darf keine Erschwerungen einführen, die für die Gesammtheit unerträglich wären. (B. Kama 79. B. Batra 60. Abod. Sara 36 und Horion 3.) Dem örtlichen Gebrauche suchte er in allen seinen Entscheidungen Rechnung zu tragen. Sein diesbezüglicher Wahlspruch lautete: „Hakol keminhag hamedina."

Dieser Patriarch war nicht nur der griechischen Sprache kundig, was man ausnahmsweise der Patriarchenfamilie, weil sie mit den Behörden in Berührung kam, nachgesehen hatte, sondern auch der Botanik und anderer Naturwissenschaften.

B. Kama 83 und Frankl Dorke hamischna 184.) Sein Wahl=
spruch: „Wahrheit, Gerechtigkeit und Friedfertigkeit sind die
Grundsäulen der menschlichen Gesellschaft", zeugt von seinem
Biedersinn und seiner Charakterfestigkeit. Trotz der Verfolgungen
jener grauenhaften Zeit stand er bei der römischen Regierung in
hohem Ansehen. Er war der Vater des nachher so hochberühm=
ten R. Jehuda ha Nassi, dessen Geburt mit folgender Sage aus=
geschmückt wurde: Zur Zeit, als R. Jehuda das Licht der Welt
erblickte, soll die römische Regierung das Gebot der Beschneidung
aufs strengste untersagt haben. Ungeachtet dessen hat der Patriarch
R. Simeon b. Gamliel seinen neugeborenen Sohn Jehuda be=
schneiden lassen. Die Sache wurde angezeigt, und R. Simeon
sowohl als die Mutter des Kindes wurden vor das Tribunal
geladen, um sich daselbst persönlich zu verantworten. Eine sehr
edle römische Frau, die Mutter des nachmaligen Kaisers Antoninus,
der ebenfalls um jene Zeit geboren wurde, nahm sich in hoch=
herziger Weise der betrübten Frau des frommen Rabbi an, be=
hielt das jüdische bereits beschnittene Kind einige Zeit in ihrem
Hause, nährte es an ihrer Brust, während sie ihr Kind der
Jüdin übergab, damit sie sich bei der römischen Behörde recht=
fertigen und die gegen sie erhobene Klage durch sprechende Be=
weise als freche lügenhafte Verleumdung darstellen könne. R.
Simeon sowohl als seine Gattin wurden in Folge dessen auf
freien Fuß gesetzt und das Verbot der Beschneidung sofort auf=
gehoben. Die beiden in der Wiege verwechselten Kinder wurden
später die intimsten Freunde. (Meila 17.)

Zur Zeit, als R. Simeon von dem Schauplatze seiner
segensreichen Wirksamkeit abberufen wurde, befand sich der rö=
mische Staatsschatz in einem zerrütteten Zustande, und zwar wie
Aurelius Victor Epit. sagt, durch Pest und Verwüstung der
schönsten Gegenden durch Heuschreckenschwärme. Daher heißt es
auch im Talmud (Sota 49): Als R. Simeon b. Gamliel starb,
kamen die Heuschrecken ins Land und die Leiden haben sich ver=
mehrt. (Vgl. Rapport in Ker. Ch. IV, 220.)

XVI.

R. Jehuda ha-Naſi.

Am Tage, als der Märtyrer Akiba, dieſe Zierde Iſraels, durch des Henkers ruchloſe Hand niedergeſtreckt wurde, ward R. Jehuda geboren. (Kid. 272.) Es war dies im 55 Jahre nach der Zerſtörung des Tempels. Der junge Jehuda wurde von der Natur mit äußerſt ſeltenen Geiſtesgaben beglückt, wodurch es ihm gelang, frühzeitig ſchon die Aufmerkſamkeit der bedeutendſten Gelehrten und des Collegiums ſeines Vaters auf ſich zu lenken. (Bab. Mezia 84.) Er beſchränkte ſich nicht blos auf die Vorträge ſeines Vaters, ſondern beſuchte auch die Lehrhäuſer der berühm= ten Lehrer: R. Simeon b. Jochai, R. Elieſer b. Schamua, R. Meir, R. Jakob aus Korſche und R. Juda.

In einem Alter von 25 Jahren folgte er ſeinem Vater auf den Patriarchenſitz in Bet Schearim. Während die frühern Patriarchen aus dem Hillel'ſchen Hauſe mit dem Ehrentitel „Rabban" beehrt wurden, wurde R. Simeon b. Gamliel II., weil ſeine Collegen ihm geiſtig überlegen waren, blos „Rabbi" betitelt. Sein Sohn jedoch, obſchon er als größte Autorität an= erkannt und verehrt wurde, behielt, aus Rückſicht gegen ſeinen verſtorbenen Vater, den Titel „Rabbi", der auch jenem beige= legt wurde, bei. Seine Zeitgenoſſen nannten ihn dann aus Pietät nie anders als „Rabbi". Man wußte es ſchon allgemein, unter dem Worte „Rabbi" ſei R. Jehuda ha=Naſi gemeint. Wohl wird er öfters im Talmud „R. Jehuda ha=Naſi" genannt, allein dieſes Epitheton wurde ihm in ſeiner Jugend, ehe er als erſte Autorität anerkannt wurde, beigelegt. Später aber hieß er ſchlechtweg „Rabbi", d. h. der einzig anerkannte und allgemein verehrte Lehrer. (Vgl. Frankl Darke ha miſchna 191.)

Nicht nur mit ſeltenen Fähigkeiten und Geiſtesgaben, ſondern auch mit vielen irdiſchen und zeitlichen Gütern wurde er von der göttlichen Vorſehung geſegnet, daher man mit Recht von ihm sagte, er sei der erste seit Moses, der „Tora ugedula bemakom echad“ große Gelehrsamkeit und äußere Größe in sich vereinigt hat. (Gittin 59.) Nichtsdestoweniger lebte er im Hause so einfach und kärglich, daß man später von seinem ebenfalls sehr begüterten Sohne R. Simeon sprichwörtlich sagte: resimonech aschirim kamzanim. (Chulin 46.) Wo es aber galt, die Noth zu mildern, Thränen zu trocknen und Wunden zu heilen, da war unser „Rabbi“ sehr splendid und äußerst freigebig. Die zahlreichen Jünger, die aus allen Windrosen herbeiströmten, um bei ihm ihren Wissensdurst stillen zu können, wurden auf seine Kosten verpflegt. (Erubin 53, Sabbat 113.) Zur Zeit einer großen Hungersnoth zeigte er seine Munificenz in edelster und hochherzigster Weise. Da er jedoch von dem Principe ausging, daß die Welt der Vernachlässigung des Studiums der Gotteslehre wegen, von der Hungersnoth heimgesucht wurde, so wollte er Anfangs nur diejenigen, die nicht alles Wissens bar waren, berücksichtigen, die Unwissenden hingegen zurückweisen. Nachdem jedoch einer seiner Jünger Jonatan b. Amram — den er im ersten Momente nicht erkannt haben mochte, weil jener, um von seiner Kenntniß des Gesetzes keinen materiellen Genuß ziehen zu müssen, sich ihm als ein Unwissender präsentirte — ihn ansprach mit den Worten: Speise mich, wie man einen hungerigen Hund, einen hungerigen Raben speist, wurde „Rabbi“ von R. S. b. Schema auf seinen Irrthum aufmerksam gemacht. Von nun an vertheilte er Almosen Gesetzeskundigen wie Idioten. (B. Batra 8.) *)

Eines körperlichen Uebels halber, woran Rabbi längere Zeit litt, übersiedelte das Synhedrion nach Sepporis, das der Patriarch seiner hohen gesunden Lage wegen, zum Schauplatze seiner Wirksamkeit gewählt hatte. (Ketub. 103.)

*) Auch von den Töchtern des Elischa b. Abuja wurde er angegangen sie zu unterstützen. Anfangs wies er sie als Töchter eines Abtrünnigen entschieden zurück, als sie jedoch auf die eminente Gelehrsamkeit ihres Vaters pochen zu können vorgaben, zeigte er sich erbötig ihrem Wunsche zu entsprechen. (Chagiga 14.)

Keiner der früheren Patriarchen hatte sich einer solchen
Selbstständigkeit und Hochachtung zu erfreuen als „Rabbi.“
Selbst seine Collegen im Synhedrion verliehen ihm eine unum=
schränkte Macht, und sowohl die Richter als die Gemeinden
waren einzig und allein von ihm abhängig. Sehr richtig sagt
Grätz 4 B. 213: „Das, wonach sein Vater und Großvater ver=
gebens gerungen hatten, fiel ihm so zu sagen in den Schooß.
Es gab zu seiner Zeit keinen Stellvertreter (Ab Bet Din) keinen
öffentlichen Sprecher (Chacham) mehr. R. Juda, der Fürst allein,
war Alles in Allem. Das Synhedrion hatte sich selbst seiner
Autorität begeben und führte von der Zeit an nur noch ein
Scheinleben fort: der Patriarch entschied fortan Alles. In
Folge des hohen Ansehens nannte man ihn schlechtweg
„Rabbi,“ als wenn neben ihm kein Gesetzeslehrer Bedeutung
gehabt hätte, und er der Inbegriff der Lehre gewesen wäre.“
Und in der That wendeten sich die Gemeinden, so sie in die
Lage versetzt wurden einen Mann, der ihre geistigen Interessen
zu vertreten hatte, an ihre Spitze zu setzen, an R. Jehuda ha
Nassi. (Jerus. Jebamot 12.)

Die allgemeine Hochachtung und Verehrung, deren er sich
im hohen Maße zu erfreuen hatte, machte ihn gewissermaßen
stolz und empfindlich gegen die geringste Verletzung. Es wurde
so manchem Schüler, der ihm nicht die vollste Hochachtung ge=
zollt, die Semicha=Promotion versagt.

Nicht blos Humanität, sondern auch strenge Religiosität zierte
ihn im höchsten Maße, wovon folgender Ausspruch Zeugniß
gibt: Rabbi sprach: Welcher ist der rechte Weg, den der Mensch
zu erwählen habe? Der, der ihm selber zur Ehre gereicht und
ihm Ehre verschafft bei den Menschen. Sei achtsam auf das
geringste Gebot, wie auf das wichtigste, denn du kennst nicht
den Lohn der göttlichen Gebote. Berechne aber den irdischen
Nachtheil eines erfüllten Gebotes, gegen den ihm folgenden
unvergänglichen Lohn, und den zeitlichen Vortheil einer Sünde
gegen den ihr folgenden unendlichen Verlust. Vergegenwärtige

dir stets drei Dinge und du wirst nie zur Sünde kommen; denke an das, was über dir ist, ein Auge das sieht, ein Ohr das hört, und daß all dein Thun in ein Buch eingetragen wird. (Abot. 2. 1.)

Zu dem römischen Kaiser Antoninus, den die Sage zu seinem Milchbruder gemacht, soll er in einem freundschaftlichen Verhältnisse gestanden haben. In der That hatte Rabbi mit Antoninus öfter Unterredungen. So z. B. wird im Talmud (Synhedrin 91) von folgenden Contraversen berichtet: Der Kaiser sprach: Nachdem der Mensch aus Leib und Seele besteht, so ist's nicht denkbar, ihn zur Verantwortung zu ziehen; denn die Seele könnte den Körper und der Körper wieder die Seele für das Vergehen verantwortlich machen. Rabbi antwortete mit einem Gleichniß: Ein reicher Fürst hatte einen prachtvollen mit äußerst seltenen Fruchtarten geschmückten Garten. Als Wächter bestellte er einen Lahmen und einen Blinden. Der Lahme, der sich von den reizenden Fruchtarten angelockt fühlte, sprach zu dem Blinden: Nimm mich auf deine Schultern damit wir beide die schönen Früchte pflücken können. Und so geschah es auch. Bald darauf aber kam der Fürst in den Garten, und zu seinem größten Leidwesen mußte er die Wahrnehmung machen, daß die schönsten Früchte ihm entwendet wurden. Wo sind meine Erstlinge? rief er aus; Kann ich gehen? entgegnete der Lahme, konnte ich sehen? rief der Blinde. Der Fürst aber merkte bald, was vorgefallen ist und er befahl, der Blinde soll den Lahmen aufladen, damit er sie beide wie einen Menschen verurtheilen könne. Ebenso verfährt Gott mit dem Menschen, da er die Seele mit dem Körper verkettet und sie dann beide zur Verantwortung zieht, wie es in den Psalmen heißt: „Er ruft das Himmlische — die Seele — vereint mit dem Irdischen — den Körper — ins Gericht." Es sind übrigens im Talmud und Midrasch noch ähnliche Gespräche, die „Rabbi" mit Antoninus gehalten hatte, zu finden. Aus Chul. 78 ist zu ersehen, daß R. Jehuda ha Nasi auch von Minäern belästigt wurde, die ihm in der tiefsten Tiefe seiner Seele verhaßt waren.

7*

Trotz seiner strengen Religiosität hatte „Rabbi" den Muth, manche Bräuche, die dem Volke als unantastbare Heiligthümer galten, aufzuheben. So z. B. hatte er den Brauch der Berg= feuer, die als Signale die Heiligung des Neumondes meldeten, abgeschafft, und anstatt dessen die Einrichtung, den Neumond durch Sendboten bekannt zu geben, eingeführt (Jer. Rosch. hasch. 58.) weil die Samaritaner, diese Erzfeinde des Judenthums, durch unzeitige Bergfeuer die isr. Nachbaren sehr häufig irre zu machen bestrebt waren. (ibid.) Bekanntlich blieben trotz des Unterganges des jüdischen Staates viele Gesetze, die an Land und Staat geknüpft waren, in voller Kraft. Zu diesen gehörten auch die Gesetze des Erlaßjahres und der Zehenten. Da diese aber auf das ohnedies tiefgebeugte und verarmte Volk deprimirend wirkten, so nahm R. Juda keinen Anstand, sie, wenn auch nicht ganz aufzuheben, so doch wenigstens zu modifi= ciren. (Jer. Schebiit).

Er erklärte sogar das Gebiet einiger Grenzstädte, die bis nun Judäa einverleibt waren, als nicht zu Judäa gehörend, weil hiedurch die Bewohner von den Zehenten und von den Erlaßgesetzen befreit wurden. Als seine eigenen Verwandten, die ihm diese Reformen verargten, ihm hierüber Vorstellungen machten, entgegnete er ihnen: So gut wie die kupferne Schlange, die Moses errichtet, und die so viel Unheil gestiftet hatte, endlich ohne weitere Rücksicht auf Vorgänger, von Chiskiah zerstört wurde, so ist es auch mir vorbehalten geblieben, manche den Zeitverhältnissen entsprechende Modifikationen vorzunehmen Makom hanichu li Abotai lehisgader bo. (Chulin 7. a.). Sein größtes Verdienst hatte Rabbi sich durch die Redaktion der Mischna erworben. Er hatte es sich nämlich zur Aufgabe gemacht, das mündliche Gesetz wie überhaupt alle Entscheidungen und Aussprüche der früheren Tanaim zu sammeln, zu ordnen und in ein Buch systematisch einzutragen. Dieses Buch wurde Mischnah Deuterosis genannt. Die Mischnah ist in sechs Ordnungen schischa sedarim eingetheilt:

Erstens Seraim, bespricht zumeist die Felderzeugnisse und zerfällt in 11 Traktate: Berachot. Peah Demai. Kelaim. Schebiüt Teruma. Maasroth, Maaser scheni. Chala. Orlah. Bikurim.

Zweitens Moëd, behandelt die Festzeiten und enthält 12 Traktate: Sabbat. Erubin. Pesachim. Schekalim. Joma. Suka. Beza. Rosch ha schana Taanit. Megilah. Moed. Katon. Chagiga.

Drittens Noschim, beleuchtet die Ehegesetze und zerfällt in 7 Traktate: Jebamot. Ketubot. Nedarim. Nosir. Sota. Gittin. Kiduschin.

Viertens Nezikin, bespricht das Civilrecht und sonstige Rechtsfälle, und enthält zehn Traktate: Baba Kama. Baba Mezia. Baba Batra Synhedrion. Makot. Schebuot. Aboda sara. Idiot. Abot und Horiot.

Fünftens Kadaschim, behandelt den Opferkultus und die Speisegesetze und besteht aus 11 Traktaten: Sebachim. Menachot. Chulin. Berachot. Erechin. Temura. Keritoth. Meilah. Tamid und Kinin.

Sechstens Taharot, behandelt die Reinigungsgesetze und enthält 12 Traktate: Kelim. Oholot. Negaim. Parah. Taharoth. Mikwaoth. Machschirim. Sabim. Tebuljom. Jadaim und Okzin.

Die bereits von Akiba zum Theile geordnete und von R. Meir verbesserte „Mischna" diente dem hochgefeierten „Rabbi" als Grundlage seiner Mischnasammlung (Vgl. Synhedr. 86).

Als Rabbi seinem Tode nahe war, übertrug er seinem Sohne Gamliel III die Würde des Patriarchats. Auf dem Sterbebette liegend, ließ er alle seine Söhne kommen und trug ihnen auf, auch nach seinem Tode die Mutter, wahrscheinlich eine Stiefmutter, in Ehren zu halten. Die Lampe, sagte er, brenne stets wie bisher, der Tisch sei gedeckt u. s. w. Zu Gamliel, dem er die Nassiwürde übertrug, sprach er: Mein Sohn bekleide dein Amt tact- und würdevoll, damit du Allen zu imponiren im Stand bist, nehog Nesiatcha berama.

Der ältere Bruder Gamliels, Simon nämlich, fungirte als Beisitzer „Chacham" und Hanina b. Hama als zweiter Beisitzer, dieser jedoch übertrug dieses Amt dem R. Ephes, einem ältern Jünger Rabbi's. Das Dahinscheiden des großen Rabbi wurde allgemein tief betrauert. Selbst Ahroniden durften sich mit seiner Leiche beschäftigen. Nach dem Tode R. Jehud I. heißt es im Talmud (Sota 49), hörte die Demuth auf. Die Gottesfurcht war dahin, und die Leiden wurden wieder verdoppelt.

R. Gamliel III. war aus allen Kräften bestrebt die Einrichtungen seines Vaters hochzuhalten. Sonst ist von ihm nichts bekannt. Seine Warnung vor den römischen Machthabern (Abot 2. 3.) ist charakteristisch für die Zustände der damaligen Zeit.

XVII.

R. Chia b. Abba.

R. Chia bor Abba, der auch Chia der Große, Chia rabbah (Pes. 17), oder Chia der Babylonier, Chia ha babli (Sabb. 62) genannt wurde, kam in seinem spätesten Alter von Babylonien nach Palästina in das Lehrhaus des R. Juda I., der ihn mehr als Freund, denn als Schüler betrachtete. Sein Vater hieß Abba aus Kafri. Abba Areta und Rabba b. b. Chana, die unter seiner Leitung es zu einer staunenswerthen Gelehrsamkeit gebracht haben, waren seine Neffen. Er stand seiner großen Gelehrsamkeit und ungeheuchelten Frömmigkeit wegen in solch' hohem Ansehen, daß R. Jehuda ha nasi beabsichtigt hatte, seinen Sohn mit einer Tochter von ihm zu verheirathen. (Vgl. Ketub. 62). Das Freundschaftsverhältniß zu R. Jehuda I. wurde jedoch durch einen kleinen Scherz, den er sich erlaubte, für eine kurze Zeit getrübt. R. Jehuda äußerte nämlich in Gegenwart R. Chia's, daß, wenn der Exilsfürst R. Huna nach Palästina käme, er ihm die höchsten Ehren und Würden übertragen möchte, da jener ein Abkömmling David's in männlicher Linie ist, während er nur in weiblicher Linie dieser königlichen Familie abstamme. Chia merkte sich diese Aeußerung und als R. Huna nach seinem Tode seinem letzten Willen zu Folge nach Paläſtina gebracht wurde, erlaubte sich Chia ſcherzend dem Patriarchen zuzurufen: „R. Huna kommt an!" Der Patriarch erſchrak ſehr, und als Chia hinzuſetzte: die Leiche Huna's iſt's, die angekommen, war R. Jehuda hierüber ſo erbittert, daß R. Chia 30 Tage lang wie ein Verbannter von ihm fern bleiben mußte. (Jerus. Kilaim. IX. p. 32).

Auch wegen der Lehrvorträge auf öffentlicher Straße, die Chia gegen den Willen des Patriarchen gehalten, wurde er von demſelben auf ſolche Weiſe beſtraft. (Moed Katan 16).

Deſſen ungeachtet wurde Chia von R. Jehuda I. ſeiner tiefen Gelehrſamkeit wegen ſtets hochgeſchätzt und geachtet. *)

Die häuslichen Verhältniſſe Chia's waren nichts weniger als beneidenswerth. Er hatte ein böſes Weib, das ihm viel Herzleid verurſacht und das Leben vergällt hatte. Nichtsdeſto= weniger war er bei jeder ſich ihm dargebotenen Gelegenheit bemüht, ihr allerlei Aufmerkſamkeiten zu ſchenken und Freude zu bereiten. Und als ihm einer ſeiner Freunde verwunderungs= voll zurief: Aber wozu ſo viele Artigkeiten und Aufmerkſam= keiten einem böſen Weibe!? entgegnete er. „Die Frauen ver= dienen ſchon dadurch beſonders geſchätzt zu werden, weil ſie die Kinder erziehen und die Männer von der Sünde abhalten." (Jebam 62).

---

*) (Er ſprach) einſt von ihm: Aus der Ferne kam der Mann meines Rathes. (Menachot 88.) Schon der Umſtand, daß Rabbi dem R. Chia die wichtigſten Miſſionen übertragen hatte, beweiſt wie hoch er von ihm geſchätzt wurde. Einſt, ſo heißt es (Rosch. hasch. 25) ſandte er ihn nach En Tab um dort den Neumond zu beſtimmen und ſagte zu ihm ſende mir das Merkwort David melech Jisrael chai wekajom, eine Formel die heute noch bei Kidusch halevana geſprochen wird. Wahrſcheinlich war Rabbi dieſe Function in Sepporis ſelbſt zu vollziehen durch ein Verbot der Römer verhindert.

Wie tief er die ihm von seiner Frau verursachten Kränkungen empfunden haben mochte, beweist der Segen, den er seinem Neffen R. Abba bei seinem Abschied mitgegeben: Gott möge dich vor etwas Bitterern als den Tod, nämlich vor einem bösen Weibe, schützen. (ibid.)

Nicht blos als Gesetzlehrer, sondern auch als bewährter Arzt wirkte R. Chia segensreich. Er befreite den Patriarchen R. Jehuda I. von einer Zahnkrankheit, an der er dreizehn Jahre lang gelitten hatte. (Jerus. Kilaim.)

Besonders große Verdienste erwarb sich Chia um die Förderung des Bibelstudiums. Er errichtete Schulen und sprach: Ich bin bestrebt alles aufzubieten, damit nur die Thora nicht in Vergessenheit gerathe. (Jerus. Meg. 15.)

Als Chia starb, erzählt die Sage, sind Meteorsteine vom Himmel gefallen. (Mdr. r. 25.)

XVIII.

R. Pinchas b. Jair.

Unter den Zeitgenossen Rabbi Jehuda I. ragte als Mystiker R. Pinchas b. Jair, Schwiegersohn des seiner düstern Gemüthsart und tiefernsten Stimmung und Gesinnung wegen von seinem Zeitalter allgemein verehrt gewordenen R. Simon b. Jochai, besonders hervor. Dieser hochfromme Rabbi trieb seine Scrupulosität und Zurückgezogenheit so weit, daß er, da er auch auf die gesetzlichen Vorschriften des Zehenten streng hielt, nie einer Einladung, selbst wenn sie von den edelsten und würdigsten Männern des Volkes an ihn ergangen ist, Folge gegeben hatte. Einst, so wird im Talmud (Chul. 6) erzählt, wurde dem R. Jehuda hanasi mitgetheilt, daß R. Pinchas b. Jair sich auf dem Wege befinde, ihn mit einem Besuche zu be.hren. Sofort eilte der Patriarch ihm entgegen und erlaubte sich bei dieser

Gelegenheit an ihn die Frage zu richten, ob er, R. Pinchas
nämlich, geneigt wäre, bei ihm zu speisen. Zur höchsten Ueber=
raschung des Patriarchen sprach jener hochfromme R. Pinchas,
der sonst nie gewohnt war von irgend Jemandem eine Einladung
anzunehmen, das unerwartete „Ja" aus. Als ben Jair dann
merkte, daß seine bejahende Antwort den „Rabbi" ein wenig
frappirte, rief er ihm zu: Es will mich bedünken, als gäbest
du der Ansicht Raum, daß ich mir überhaupt jeden Genuß,
den mir ein Glaubensgenosse bieten kann, versagt hätte. Da
irrst du gewaltig. Israel ist ein heiliges Volk. Nur giebt es
zuweilen Leute, die sich gerne die schöne Tugend der Gastfreund=
schaft aneignen möchten, allein ihre Mittel gestatten es ihnen
nicht, während es andererseits Leute gibt, die, obschon sie von
der göttlichen Vorsehung mit allen erdenklichen Glücksgütern
gesegnet wurden, nicht das Herz haben, dieselben zum Nutzen
und Frommen Anderer verwenden zu wollen, gleich den Worten
des gekrönten Weisen: Iß nicht das Brod bei einem Neidischen
und genieße nicht seine Speise, denn iß und trinke spricht er
wohl zu dir, aber sein Herz ist nicht dabei (Spruch 23., 6., 7.)
Du aber mein verehrter Rabbi bist sowohl an Herzensgüte als
an irdischen Glücksgütern reich, so will ich keinen Augenblick
Anstand nehmen, deiner Einladung ausnahmsweise Folge zu
geben. Im Momente jedoch bin ich zu meinem tiefsten Bedauern
verhindert dies thun zu können, da ich einer hochwichtigen unauf=
schiebbaren Angelegenheit wegen, die meine Anwesenheit und
Intervention dringend erheischt, forteilen muß. Sobald es mir
gelingen wird ein günstiges Resultat erzielen und meine Rück=
reise antreten zu können, will ich mich bei dir einfinden und
an deiner Tafel speisen. Als R. Pinchas jedoch bei seiner
Rückreise in der Behausung R. Jehuda's Maulthiere bemerkte,
denn er trat zufällig zu jener Thür ein, wo die Maulthiere
sich befanden, rief er verwunderungsvoll aus: Wie, hier haust
ja der Würgengel und ich soll in diesem Hause speisen? Dieser
Umstand bewog ihn sofort abzureisen.

Meines Dafürhaltens dürfte R. Pinchas b. Jair, der das Gesetz in jeder Beziehung streng zu beobachten sich zur Lebensaufgabe gemacht, deshalb nie im Leben an einer fremden Tafel gegossen haben, weil die Worte des weisen Salomo: „Wer Geschenke haßt wird leben" stets mit feurigen Zügen vor seiner Seele standen.

Auch von R. Eliasar und R. Seira wird erzählt, daß sie im Hinblick auf den in Rede stehenden Salamonischen Spruch Geschenke anzunehmen für durchaus unstatthaft fanden. Letzterer jedoch gab, so oft von würdiger Seite eine Einladung zur Tafel an ihn ergangen ist, deshalb Folge, weil, wie er sich ausdrückte, dieselbe nicht als Geschent anzusehen sei, denn der Gastgeber rechnet es sich zur Ehre an, so man seiner Einladung folgt isjakure hu demisjakre bi. (Chullin 44).

Dieser Ansicht R. Seira's dürfte auch R. Pinchas b. Jair gehuldigt haben, daher er anfangs auch Miene machte, an der Tafel des Patriarchen theilnehmen zu wollen; denn in der That kam ihm der Patriarch das erstemal auf das ehrerbietigste entgegen. Der Umstand jedoch, daß R. Pinchas bei seiner Rückreise nicht sogleich die rechte Eingangsthür zum Patriarchen gefunden, was aus dem Ausdruck ol behabi Pischa zu entnehmen ist, mochte wohl in ihm den Gedanken erweckt haben, daß der Patriarch es sich nicht zur besondern Ehre rechnen würde, so er bei ihm speisen möchte, da er ihm sonst auch diesmal freundlichst entgegengekommen wäre. Diese Einladung, meinte daher R. Pinchas, würde einem Geschenke gleichen, deren Annahme das Leben verwirke. Er eilte daher fort, ohne sich im Hause R. Jehuda I. länger aufzuhalten*).

Nichtsdestoweniger wurde er von dem Patriarchen hochgeschätzt und in jedem Betracht besonders berücksichtigt, was aus folgender Thatsache zur Genüge erhellt R. Jehuda I. hatte

---

*) Die eigentliche Ursache seiner allzugroßen Erbitterung war, daß R. Jehuda überhaupt Maulthiere in seinem Hause gehalten hatte weil dies gesetzlich nicht gestattet war.

nämlich beabsichtigt, die Gesetze der Erlaßjahre, die auf die
Armen niederdrückend und deprimirend gewirkt haben, aufzuheben. Er zog hierüber R. Pinchas b. Jair zu Rathe. Dieser
aber äußerte sich entschieden dagegen, in Folge dessen der Patriarch
sich genöthigt sah, sein Vorhaben aufzugeben. (Jerus. Demai III.)

Die scrupulöse Frömmigkeit R. Pinchas b. Jair's ging
so weit, daß die Sage erzählt: Selbst der Esel des R Pinchas
habe kein unverzehntes Futter gegessen (Chulin 7).

Von seinem strengen Rechtlichkeitsgefühl darf folgendes
Faktum Zeugniß geben. Einst, so wird erzählt (im Rab. 292)
vergaßen zwei Freunde, die von ihm auf das wohlwollendste
beherbergt wurden, vor ihrer Abreise zwei Maß Gerste, die
sie ihm zur Aufbewahrung gegeben, mitzunehmen. R. Pinchas,
der erst nach ihrer Abreise die zurückgelassene Gerste bemerkte,
war im ersten Augenblicke in Verlegenheit, da er nicht wußte,
was er damit anfangen soll. Er entschloß sich endlich, die Gerste
auszusäen die ihm eine gute Ernte brachte. Da aber die Freunde,
die eine weite Reise unternahmen, nicht sobald zurückkamen,
setzte R. Pinchas die Aussaat der Gerste sieben Jahre fort, so
daß er gezwungen war, für den daraus gezogenen Gewinn
einige Magazine in Anspruch zu nehmen. Nach sieben Jahren
kamen endlich die zwei Freunde von ihrer weiten Reise zurück
und verfügten sich zu R. Pinchas um ihn um die Rückgabe
der seiner Zeit da vergessenen zwei Maß Gerste zu ersuchen.
Der fromme Rabbi öffnete ihnen mehrere Magazine, die dicht
gefüllt waren, und sagte: Hier habt ihr euer Eigenthum. Dieser
Act verdient den Wucherern aller Confessionen zur Beherzigung
empfohlen zu werden. Sap. sat.

II.

Die Amoräer.

I.

R. Jehuda II.

Mit R. Jehuda I., dem Redacteur der Mischna, und seinem Sohne Gamliel III. ging das Tanaiten-Geschlecht zu Grabe und ein neues Geschlecht, das der Amoräer, trat an dessen Stelle.

Nachdem die nunmehr abgeschlossene Mischna von jetzt an allen öffentlichen Vorträgen als Basis diente, so wurden die Häupter der Schulen nicht mehr „Tanaiten", Selbstlehrende, sondern „Amoraim", Erläuternde, genannt.

In dieser Zeitepoche bestanden zwei amoräische Hochschulen, die eine in Palästina, die andere in Babylonien, und als die bedeutendsten Männer dieser Zeit werden R. Jehuda II., R. Jochanan und R. Simon ben Lakisch in Palästina, Abba Areka und Samuel in Babylonien genannt.

Ungefähr 12 Jahre nach dem Tode R. Jehudas I. wurde dessen Enkel, dem R. Jehuda II., Sohne Gamliels III., die Patriarchenwürde übertragen, der Sepporis verlassen und Tiberias zum Schauplatze seiner Thätigkeit und Wirksamkeit gewählt hatte. Er stand gleich seinem edlen Großvater beim Volke in hohem Ansehen.

Während sein Großvater gewöhnlich mit dem Prädicate „ha Nasi" genannt wurde, wurde ihm von seinen Zeitgenossen dasselbe Epitheton in aramaischer Sprache — nämlich R. Jehuda „Nesiah" — beigelegt. Bei ihm bewährte sich fast in jeder Beziehung das alte jüdische Wort „Was den Ahnen begegnete,

widerfuhr auch den Nachkommen." Auch er stand beim römischen
Kaiser in Ansehen und hatte sich dessen Freundschaft in solch'
hohem Maße zu erfreuen, daß es ihm ein leichtes war, seinen
Einfluß zu Gunsten seiner Glaubensgenossen verwerthen zu
können. Alexander Severus, ein gutmüthiger und human=
denkender Kaiser, der in den Gemächern seines Palastes neben
den Bildern von Orpheus und Christus auch das Bild
Abrahams hatte, und den erhabenen Hillelianischen Grundsatz
„Was dir nicht recht ist, füge deinem Nebenmenschen nicht zu"
sich stets zu vergegenwärtigen bemüht war (Lampridius in
Alex. Sever. c. 29, 51.), zeigte sich gegen die verschiedenen
Confessionen im Allgemeinen und gegen Israel insbesondere
höchst tolerant und milde. In Folge dieser freien Zeit sah sich
der Patriarch Jehuda II. genöthigt so manche Erschwerungen,
die in Zeiten grausamer Verfolgungen geschaffen wurden, auf=
zuheben. Bis dahin war es den Israeliten durchaus nicht ge=
stattet Oel von Heiden zu kaufen, damit ihnen keine Gelegenheit
geboten sei mit den Heiden verkehren zu müssen. *)
  Durch die vielen hadrianischen Kriege jedoch war Judäa
und seine sonst berühmten Oelpflanzungen ganz verwüstet und
die Bewohner desselben fühlten mit jedem Tage lebhafter den
Mangel an Oel, einem Artikel, der im Oriente eine sehr be=
deutende Rolle spielt. R. Jehuda II. nahm daher keinen An=
stand, dieses lastige Verbot im Vereine mit seinen Zuhörern
und Collegen aufzuheben (Babli Ab. S. 35 u. Jerus. Ab.
Ser. 41.) Als R. Jehuda II nach gepflogener Verhandlung
beregter Oelfrage den R. Simlai fragte, ob er auch im Hör=
saale dieser Verhandlung angewohnt hatte, entgegnete jener,
wir werden es noch erleben, daß du das Brod der Heiden
ebenfalls zu genießen gestatten wirst. Dann würde man uns

---

*) Wer eigentlich als Urheber dieses Verbotes anzusehen sei, ob
    Daniel oder Hillel und Schamai ist selbst der Talmud nicht in der
    Lage mit Bestimmtheit angeben zu können. (Vrgl. Ab. Sara 36.)

aber, erwiederte R. Jehuda, das erlaubende „Besdin“ Gericht (Bet. dine scharje) nennen, (ibid. 36.)*) Nicht uninteressant ist die beregte Stelle die uns umständlich von der Aufhebung des fraglichen Oelverbotes erzählt. Dieselbe lautet: R. Samuel bar Abba hatte im Namen R. Jochanans mitgetheilt: Unsere Lehrer, die es an Nachforschungen und Erkundigungen nicht fehlen ließen, haben die Ueberzeugung gewonnen, daß das Oelverbot niemals in ganz Israel anerkannt wurde, daher sahen sie sich genöthigt, gestützt auf den Grundsatz des R. Simon ben Gamliel und des R. Elieser b. Zadok, daß man die Ge- meinde nicht mit einem für sie unerträglichen Verbote belästigen darf, dieses Verbot aufzulösen. Selbst in Babylonien fand die Aufhebung des Oelverbotes Anerkennung und als Rab Anstand nehmen wollte von dieser Erlaubniß Gebrauch zu machen, wurde er hiezu von Samuel moralisch gezwungen. (ibid.)

R. Jehuda wäre auch nicht abgeneigt gewesen das Brod der Heiden zu genießen zu gestatten, wenn er nicht auf Hinder- nisse stoßen zu müssen, zu befürchten Ursache gehabt hätte. Als er einst in Begleitung seiner Schüler auf dem Felde war, die kein anderes als heidnisches Brod zur Befriedigung ihres Hungers fanden, rief er aus: Wie schön ist dieses Brod, warum haben es die Weisen zu genießen verboten? (ibid. 35.)

Eben so beabsichtigte er den 9. Ab, diesen strengen Fast- tag zur Erinnerung der Zerstörung Jerusalems, wenn er auf einen Sabbat fiel, abzuschaffen, da seiner Ansicht zu Folge dieser Tag durch das neue schöne Morgenroth der Freiheit, seine Be- deutung verloren hat. Er konnte aber mit dieser Reform nicht durchdringen, daher beschloß man in einem solchen Falle die Fasttage auf Sonntag zu verlegen. (Jerus. Meg. u. Than. Ende.)

---

*) In der Mischna Ab. Sara (ibid.) wird zwar irrthümlich „Rabbi“, d. h. Jehuda ha Nassi, genannt. Raschi zur Stelle bemerkt jedoch sehr richtig, daß nicht R. Jehuda I. sondern dessen Enkel der Amoräer R. Jehuda Nesiah es gewesen sei, der das in Rede stehende Ver- bot aufgehoben hatte.

Auch seine Ansicht betreffs des Scheidebriefes, den der Gatte vor seinem Tode ausstellen soll, um der Levirathsche entgehen zu können, fand keine Beachtung. (Gittin 76.)

Trotz der hohen Stellung, die dieser Patriarch einnahm, nahmen die freimüthigen Gelehrten seines Zeitalters denn doch keinen Anstand, seine Schwächen und Mängel rücksichtslos zu geißeln. Ja es kam dahin, daß er, der einen großen Hofstaat führte und von einer Leibwache, gleich einem gekrönten Fürsten, umgeben war, sich einst über die von R. Simon b. Lakisch ausgesprochene Ansicht, daß selbst über den Patriarchen, wenn er gefehlt hat, die Geißelstrafe verhängt werden kann, so sehr in seiner Ehre und Würde verletzt fühlte, daß er ihn verhaften lassen wollte. Allein R. Simon b. Lakisch, dem frühzeitig das Vorhaben des Patriarchen mitgetheilt wurde, ergriff eiligst die Flucht. Erst dann, als R. Jochanan, der in Gegenwart des R. Jehuda Vorträge hielt, fest behauptete, daß er ohne R. Simon b. Lakisch seinen Vortrag zu eröffnen durchaus nicht vermag, gestattete R. Jehuda die freie Rückkehr R. Simons und kam ihm versöhnend und herablassend entgegen. (Jerus. Synhedr. II.)

R. Jehudas größte Schwäche bestand in der Geldgier. In Folge dieser Leidenschaft ließ er sich verleiten, das Promotionsrecht zu mißbrauchen und oft unwissenden Menschen, die im Besitze irdischer Güter waren, das Lehramt zu übertragen.

Einst wurde, so wird im Talmud (Synhedrin 7.) erzählt, ein solch reichbegüterter Idiot zum öff. Lehrer von R. Jehuda ernannt. Der Zufall aber wollte, daß R. Juda b. Nachmeni, ein vorzüglicher Gelehrter, ihm als Meturgemon, Erklärer, beigegeben wurde. Des Meturgemons Aufgabe war stets, das vom öff. Volkslehrer vorgetragene Thema, in einer dem Volke verständlichen Sprache zu erörtern. Allein der Lehrer, der selbst ein Idiot in des Wortes weitester Bedeutung war, wußte seinem Meturgemon nichts zu sagen, daher dieser vergebens sein Ohr dem promovirtem Lehrer hinneigte. R. Juda b. Nachmeni benutzte diese Gelegenheit, um einen Vers in Chabak. 2. 19., der die stummen Götzen verhöhnt, auf den Vortragenden in sehr geistreicher Weise in Anwendung zu bringen: „Wehe, wenn man zum Volke sprechen muß erwache! rege dich, zum Stein! Der soll lehren? Er ist ja nur in Gold und Silber eingefaßt und kein Geist ist in ihm." Der gelehrte Meturgemon verlieh dadurch gleichsam seiner Entrüstung über die fürs Geld ertheilte Promotion entschiedenen Ausdruck. Nichtsdestoweniger hatte sich der Patriarch seiner anderweitigen hohen Tugenden und Eigenschaften wegen der allgemeinen Popularität zu erfreuen.

Nach seinem Dahinscheiden wurde seiner Leiche dieselbe Ehre, wie der seines Großvaters erwiesen. Selbst ein Ahronide, namens R. Ch. b. Alba mußte sich mit seiner Leiche beschäftigen. Jerus. Ber. III. p. 6.)

Sein Bruder Hillel war auf dem Gebiete der Bibelexegese so tüchtig, daß selbst der Kirchenlehrer Origenes, der sich aufs Eifrigste mit dem Studium der hebr. Sprache befaßte, ihn besuchte, um sich von ihm über schwierige bibl. Stellen Auskunft ertheilen zu lassen.

Zur Zeit als R. Jehuda II. die Patriarchenwürde inne hatte, fungirte unter seiner Aegide als Schuloberhaupt, R. Chanina b. Chama, ein Schüler R. Jehuda I. Dieser Gelehrte zog durch seine innige Frömmigkeit und immense Gelehrsamkeit wie durch seinen kühnen Freimuth die Aufmerksamkeit seiner Zeitgenossen auf sich.

II.

R. Jochanan, Resch Lakisch und R. Simeon b. Lewi.

Der hervorragendste Schüler R. Chanina's war der als bedeutendster Amora so sehr berühmte R. Jochanan b. Napcha, geb. 199. gest. 279. Dieser verdienstvolle Lehrer wurde nicht nur betreffs seiner höhern Geistesgaben und seltenen Scharfsinns, sondern auch betreffs seiner körperlichen Schönheit, wodurch er besonders öfters Gegenstand der Bewunderung gewesen, von der Natur höchst vortheilhaft bedacht.

Durch die Schilderung eines höchst enthusiastischen und phantasiereichen Bildes, das die überraschend schöne Gestalt R. Jochanans darstellen soll, sucht der Talmud ihn auch von dieser Seite, worauf doch sonst bei den Gelehrten kein besonderes Gewicht gelegt wurde, zu verhimmeln. (Bab. Mezia 84.)

Frühzeitig verwaist, was er zwar für kein Unglück hielt, weil er, wie er sich äußerte, sonst, wahrscheinlich seiner Armuth wegen, nicht in der Lage gewesen wäre, die kindlichen Pflichten den Eltern gegenüber vorschriftsgemäß treu erfüllen zu können (Kid. 31.), saß er stets trotz seiner nicht sonderlich günstigen Verhältnisse, zu den Füßen der größten und anerkanntesten Lehrer seiner Zeit, um ihre Worte mit brennendem Durste einzusaugen. Selbst R. Juda's I. Vorträge hatte er besucht, von denen er jedoch seiner allzugroßen Jugend halber, was er auch selber gestand, keinen großen Nutzen hatte, da er damals in die Tiefe derselben einzudringen noch nicht vermochte. (Chulin 137.) Als ihn jedoch die Armuth gar zu hartnäckig drückte, versuchte er es, sich mit seinem treuen Collegen Ilpha dem Geschäfte zuzuwenden. Eine höhere Stimme aber soll ihn angeblich hievon dadurch abgewendet haben, indem sie ihm verkündete, daß er zu etwas Höherem bestimmt sei. Dieser Vision zu Folge verkaufte er sein kleines Grundstück und kehrte zum Studium zurück, das er mit solch riesigem Fleiße betrieb, daß es ihm gelang, der Nachfolger seines Lehrers R. Chaninas zu werden. Gegen R. Juda Nesiah, von dem er materiell unterstützt wurde (Sota 2. 1), zeigte er sich ehrerbietig im höchsten Grade. Das Verbot, griechische Sprache zu lernen und griechische Literatur zu studiren, hob er auf, indem er angab, daß die Kenntniß der griechischen Sprache den Männern sehr nützlich sei, um sich hiedurch gegen Angeber und Denuncianten schützen zu können, und den Frauen zur Zierde gereiche.

Besonders hochgeschätzt wurde von R. Jochanan der damals in Babylonien segensreich wirkende Rab. Er legte ihm das Epi-

8

thetou „Rabbenu" bei, während er Samuel bloß „Chaberenu",
unser „Genosse" betitelte, weil er letzterem, der sich auch ander-
weitige Bildung angeeignet, keine gründliche Kenntniß der
Halacha zugemuthet. Samuel übersandte ihm, um entsprechende
Proben und Belege seiner hohen Bildung liefern zu können,
eine Kalenderbestimmung auf 60 Jahre, worauf R. Jochanan
ironisch sich äußerte: Nun dies zeugt bloß, daß er ein guter
Mathematiker sei. Erst dann, als er ihm eine Anzahl von sehr
wichtigen die Halacha besprechenden Abhandlungen eingesandt
hatte, gab R. Jochanan bereitwilligst zu, daß Samuel auch auf
diesem Gebiete ein Meister sei. Er wollte ihn sogar in Begleitung seines wackeren Schülers und Schwagers R. Simon b.
Lakisch besuchen, allein er erhielt mittlerweile die ihn betrübende
Nachricht, daß Samuel bereits von seiner irdischen Laufbahn,
abberufen wurde. (Chulin 95.)

R. Jochanan hatte das furchtbare Unglück, zehn Söhne
zu Grabe zu tragen. Vom letzten Sohne, der eines schauder-
haften Todes starb, bewahrte er sich ein Bein, das er stets bei sich
trug um damit Leidtragende zu trösten. (Ber. 5 Baba Batra 116.)
Jedesmal vor Eröffnung seines Vortrages betete er um den
göttlichen Beistand und nach Beendigung desselben verrichtete
er ein Dankgebet für die Gabe der Erkenntniß u. s. w. (Jer.
Ber. 7.)

Der bereits erwähnte R. Simon b. Lakisch oder Resch
Lakisch (geb. 200) dessen Herkuleskraft sprichwörtlich geworden,
ließ sich, nachdem er sich bereits einige Kenntniß der Ritual=
gesetze angeeignet, wahrscheinlich aus Noth, für einen Circus
anwerben, um bei den Thiergefechten die kampfesmuthigen
Thiere niederzustechen, wenn sie den Zuschauern gefährlich zu
werden drohten. (Grätz 4. B. 261 und Sachs Beiträge I. S. 121.)
Als einst, so erzählt der Talmud (Baba Mezia 84), Resch
Lakisch mit R. Jochanan im Bade zusammentraf, war er von
dessen Schönheit so sehr geblendet, daß er in einem Sprung bei
ihm im Wasser war.

„Wahrlich rief R. Jochanan aus, deine Riesenkraft dürftest du eher dem Studium der Gotteslehre als diesem niedrigen dich höchst entehrenden Gewerbe widmen." Und du, erwiederte Resch Lakisch, dürftest deine Schönheit den Frauen widmen.

„Wenn du dich entschließen würdest deine Fähigkeiten dem Studium der Thora zu weihen, „bemerkte R. Jochanan," so würde ich meinerseits geneigt sein dir meine an Schönheit mich weit übertreffende Schwester zur Gattin zu geben." Resch Lakisch fand diesen Antrag sehr annehmbar und kehrte wieder zum Studium der Gotteslehre zurück, wodurch bald seine Riesenkraft bedeutend geschwächt wurde. (ibid.)

Durch seine eminente Gelehrsamkeit sowohl, als durch seine äußerst strenge Rechtlichkeit und Redlichkeit erwarb er sich dann einen sehr bedeutenden Namen und stand in solch hohem Ansehen, daß derjenige, der sich Resch Lakisch's Umganges erfreuen durfte, unbeschränkten Credit erhielt, weil man sich berechtigt fühlte, mit Bestimmtheit auf seine Redlichkeit rechnen zu dürfen. (Joma 9.) Trotz seiner strengen Religiosität konnte man ihm denn doch nicht Freisinnigkeit absprechen. Während in den Schulen über die Zeit, wie über die Existenz Job's die heftigsten Debatten geführt wurden, suchte Resch Lakisch in sehr lakonischer Weise mit wenigen Worten den Debatten ein Ende zu machen, indem er sagte: Job hat nie gelebt, nie existirt, das ganze Buch ist nichts anderes, als eine Dichtung. (Jerus. Sota. V. Ende:) *)

---

*) Wir können bei dieser Gelegenheit nicht umhin, hier eine diesbezügliche Behauptung eines nichtjüdischen Gelehrten, des rühmlichst bekannten Dr. Schleiden, zu reproduciren. Er sagt: „Die meisten Christen glauben wohl, die sogenannte Bibelkritik sei ihre Sache und ein Product der neuern Zeit: wenn sie fünfzehn Jahrhunderte in der Geschichte zurückgehen, so kommen sie der Wiege dieser Wissenschaft schon etwas näher. In der Mitte des dritten Jahrhunderts entschied Simon ben Lakisch: Hiob habe nie gelebt, sondern sei das Product einer sinnigen Dichtung, und die Engelnamen seien von den Juden im Exil einem fremden Volke entlehnt. (Die Bedeutung der Juden für Erhaltung und Wiederbelebung der Wissenschaften im Mittelalter S. 15.)

Bis an sein Lebensende stand er in einem sehr intimen, von inniger ungeheuchelter Freundschaft zeugenden Verhältnisse zu R. Jochanan, allein vor seinem Tode soll er mit ihm, weil jener einmal scherzweise auf sein früheres niedriges Gewerbe anzuspielen sich erlaubte, in Conflict gerathen sein, was jedoch R. Jochanan, weil er durch sein stechendes Auge den Tod seines Schwagers allein verschuldet zu haben glaubte, so tief bereute, daß er oft Anfälle von Wahnsinn hatte. (Bab. Mez. und Jerus. Meg. I. 72.)

Es ist bereits oben erwähnt worden, daß R. Jochanan auch seiner Schönheit wegen die Aufmerksamkeit seiner Zeitgenossen auf sich zog. Im Talmud (Ber. 20) wird sogar erzählt, daß R. Jochanan von der Wirkung des Versehens so sehr durchdrungen war, daß er oft stundenlang vor dem Badehause verweilte, damit die aus demselben herauskommenden israel. Frauen, die sich an seinem Anblicke weideten, schön gestaltete Kinder zur Welt bringen können. R. Jochanan have ragil dehaave ka asil wejativ ascheare detebila, amar ki salkan Benot Jisrael weatjen metebila mistaklin bi wenehawi lehu sareh deschafire kewati. Vielleicht hatte er, bemerkt Löw, von den schönen Statuen gehört, deren Aufstellung, wie noch ein neuerer Schriftsteller versichert, im alten Griechenland zur Veredlung des Geschlechtes und Verschönerung der Formen soll beigetragen haben. Damit stimmt folgender Zug in der Martyrologie der jüngern Hagada überein. „In früheren Zeiten schmückten vornehme Römer ihre Schlafgemächer mit schönen Bildern. Nach der Katastrofe von Jerusalem ließen sie Juden an ihre Ehebetten fesseln, um durch sie die Bilder zu ersetzen. So strahlend war die Schönheit der Gefangenen." (Gittin 58.) Von den Physiologen unserer Zeit wird die Wirkung des Versehens auf ein winziges Minimum reducirt. (Löw, die Lebensalter S. 63) Aus der oben angeführten Talmudstelle (Ber. 20.) ist auch zu entnehmen, daß R. Jochanan seine Abkunft von Josef herleitete.

Zu den hervorragendsten Collegen und Zeitgenossen R

Jochanans und Resch Lakisch's gehörten R. Josua b. Lewi, R. Chanina und R. Jonatan.

R. Josua b. Lewi war der Sohn des Tanaiten Lewi b. Ssissi und das Oberhaupt eines Lehrhauses in Lydda. Er erfreuete sich im Volke in solch' hohem Maße der allgemeinen Hochachtung, daß man, als zur Zeit der Dürre nach einem von ihm veranstalteten Fastengottesdienste der erwünschte Regen eintraf, allgemein behauptete, dieses Wunder habe man nur R. Josua b. Lewi zu verdanken. Dem R. Chanina in Sephoris wurde sogar in Folge dessen von seinen Gemeindegliedern der Vorwurf gemacht, daß sein Gebet weniger wirksam sei wie das R. Josua's. (Jerus. Taan. 3.) R. Josua besaß auch ein vorzügliches administratives Talent und er bereiste oft in Begleitung seines Collegen R. Jonatan die durch die Barkochbaischen Revolutionen verwüsteten Gemeinden Südjudäas, um ihre zerrütteten Verhältnisse und Gemeindezustände zu regeln und zu ordnen. (Jer. Berach. 9. 1.)

Auch nach Rom trat er im Interesse seiner Glaubensgenossen eine Reise an, der eigentliche Zweck derselben ist jedoch nicht genau angegeben. In Rom angelangt, machte er bald die Erfahrung, daß in dieser Weltstadt auf der einen Seite der größte Aufwand, Ueberfluß und unnützer Luxus herrschte, während auf der andern Seite die furchtbarste Noth und der größte Mangel fühlbar war. Er sah nämlich eine Statue, die mit feinsten und kostbarsten Teppichen umhüllt war, damit weder die Kälte noch die Hitze einen schädlichen Einfluß auf sie nehme, während in ihrer unmittelbaren Nähe ein Mensch in zerrissenen und zerlumpten Kleidern saß, die kaum hinreichten seine Blöße zu bedecken. Dieser Anblick machte einen solch' deprimirenden Eindruck auf den frommen Rabbi, daß er tief entrüstet die Worte des Psalmisten ausrief: „Deine Gnadenspenden sind groß wie Bergeshöhen, aber dein Gericht so tief wie der Abgrund" womit er gleichsam den unvermeidlichen Untergang Roms verkünden wollte.

Die Ehelosigkeit wurde auch von ihm entschieden perhor-

rescirt. Wer ohne Lebensgefährtin sein Dasein fristet, der ent
behrt jeder häuslichen Glückseligkeit und der Freude des Familien
segens. (Midr. rabba 10.)

Auch der Kindersegen wurde von ihm hochgepriesen. „Wer
keine Kinder hat, gleicht einem Verblichenen" Kol adam scheen
lo banim chaschuv kames war sein Wahlspruch). (Nedr. 64.)

Aus seiner ganzen Lebensweise ist zu entnehmen, daß er
ein Mystiker war, dessen ungeachtet bekundete er viel Sinn für
profane Wissenschaften. Er sagte: „Wer die Fähigkeit besitzt die
Jahresscheide wie den Gang der Planeten zu berechnen und es
zu thun unterläßt, von dem heißt es: Sie schauen nicht die
Werke Gottes und seiner Hände Thaten erblicken sie nicht."
(Sabb. 75.) Aus Berach. 7 ist auch zu ersehen, daß R. Josua
b. Lewi von Minäern belästigt und behelligt wurde. Arbeit=
samkeit, Bescheidenheit, Anspruchslosigkeit und Achtung vor der
gesetzlichen Obrigkeit hatte er seinen Glaubensgenossen auf das
Angelegentlichste empfohlen.

III.

Rab und Samuel.

Während die oben genannten Amaraim in Palästina segens=
reich für das Judenthum und seine Wissenschaft wirkten, gewannen
die, unter dem Patriarchat Rabbis, in Babylonien neu entstan=
benen Akademien, durch die geistreichen und genialen Amaraim
Rab und Samuel, die ebenfalls sehr würdige Jünger Rabbi
Jehuda I. gewesen, einen solch' bedeutenden Aufschwung, daß
sie bald jene in Palästina in hohem Maße überragt hatten.

Als Rab, eigentlich Abba Areka *), ausgestattet mit gründ=
licher Kenntniß des Gesetzes und weit umfassender Gelehrsamkeit,
aus Palästina in die Heimat zurückkam, ging er nach Nehardea,

---

*) Er soll aus Areka, einer babylonischen Stadt am Tigeris, abgestammt
sein, daher dieser Beiname. (Vgl. Literaturbl. des Orient 1847 Nr. 2.

wo ihm Samuel, der die Rückreise weit früher angetreten, und sein Freund Karna entgegen gekommen sind. Beide waren höchst überrascht über seine eminente Gelehrsamkeit, die er, bei seiner ersten Conversation mit ihnen, entwickelt hatte.

Vorläufig nahm er bei dem damaligen Schuloberhaupte R. Schila, der ihn nicht näher kannte, die Stelle eines Meturgeman an. Wie tief betroffen aber stand R. Schila, als er bei der nächsten Gelegenheit in seinem Meturgeman einen Gelehrten ersten Ranges, ja den berühmten Abba Areka erkannte. R. Schila entschuldigte sich, daß er ihm eine solche untergeordnete Stelle eingeräumt, und wäre auch erbötig gewesen, auf seinen Posten zu Gunsten Rab's zu resigniren, wenn letzterer nicht diesen Antrag aus Bescheidenheit entschieden dankend abgelehnt hätte. (Joma 20).

Sowohl Rab als Samuel zollten R. Schila stets ihre Hochachtung, obschon sie ihm geistig überlegen waren. Als er jedoch einmal einer Frau, deren Gatte in ein stehendes aber nicht sichtbar begränztes Wasser gestürzt war, gestattet hatte, in eine zweite Ehe einzugehen, beabsichtigten sie gegen ihn den Bann zu schleudern; ließen jedoch von ihrem Vorhaben ab, nachdem er selber eingestanden hatte, daß er sich von einer irrigen Auffassung hiezu bestimmen und verleiten ließ (Jebamot 121. a).

Nachdem R. Schila das Zeitliche gesegnet hatte, wurde dieses Lehramt dem Rab übertragen, der aber zu Gunsten seines gelehrten Freundes Samuel darauf verzichtete. Samuel übernahm also dieses Lehramt, während Rab sich mit dem vom damaligen Exilsfürsten ihm übertragenen Amte eines Marktmeisters, dessen Aufgabe es war, Gewicht und Maß zu überwachen, begnügte. Als Beamter unternahm er öfters Reisen, um die Zustände des Landes näher kennen zu lernen. Da gerieth er einst in eine Gegend, wo er zu seinem tiefsten Bedauern Gelegenheit fand, sich von der Gesetzesunkenntniß der jüdischen Bewohner derselben zu überzeugen. Er kam nämlich nach Tatlarfos, und da hörte er, wie eine jüdische Frau ihre

Freundin fragte: Wie viel Milch braucht man zu einem Pfund Fleisch? (Chullin 110). Abba Areka, der zu etwas Höherem als zu einem Marktmeister geschaffen war, verließ später Nehardra und wählte Sura am untern Euphrat, wo die Unwissenheit in religiösen Dingen in hohem Grade herrschte, zum Schauplatze seiner Wirksamkeit. Er gründete daselbst ein Lehrhaus, dem er als Schuloberhaupt vorstand. Diese von ihm creirte Akademie hatte sich bald eines solch bedeutenden Rufes zu erfreuen, daß zwölfhundert wißbegierige Jünger aus allen Gegenden Babyloniens herbeigeeilt sind um von Abba Areka, der die ganze Mischna in ihrer letzten Fassung im Gedächtnisse hatte, belehrt zu werden (Ketub. 116). Er wurde von seinen Schülern seiner tiefen Gelehrsamkeit wegen in solch hohem Maße verehrt, daß sie ihn schlechtweg „Rab," was mit dem paläſtinischen Rabbi gleichbedeutend ist, genannt haben. (Rapaport. C. Ch. VII. 458). Ueberdies war ihm der letzte parthische König Artaban III. besonders gewogen. Artaban suchte seiner Verehrung gegen das jüdische Schuloberhaupt dadurch Ausdruck zu verleihen, indem er ihm ein prachtvolles Geschenk aus kostbaren Perlen zukommen ließ.

Nicht nur in Babylonien, sondern auch in Palästina stand Rab in hohem Ansehen, und wir haben es bereits erwähnt, daß R. Jochanan, die erste Autorität in Judäa, ihn seines Scharfsinnes, wie seiner tiefen Kenntniß des Gesetzes wegen, besonders hochgeschätzt hatte.

Rab hielt strenge bei der Ueberlieferung und in seinen Entscheidungen war er stets für Erschwerungen geneigt. Unsterbliche Verdienste erwarb er sich um die Verbesserung der Sittlichkeit und der Ehegesetze (Jebamot. 52 und Kid. 12).

So wie mit ungewöhnlichen Geistesgaben wurde er auch mit vielen irdischen Gütern von der göttlichen Vorsehung beglückt, die er dadurch auf die edelste und würdigſte Weise zu verwerthen bemüht war, indem er gleich seinem großen Lehrer R. Jehuda I.

eine nicht unbedeutende Zahl unbemittelter Jünger gänzlich verpflegt hatte.

Bescheidenheit, Sanftmuth, Versöhnlichkeit und strenge
Wahrheitsliebe waren die schönsten Blumen im Kranze seiner
Tugenden, die ihn in hohem Maße zierten und schmückten.

Als er einst von einem Metzger tief verletzt und beleidigt
wurde, gab er sich anfangs alle erdenkliche Mühe, um seinem
Beleidiger Gelegenheit, sich mit ihm versöhnen zu können, zu
verschaffen. Da aber sein Bemühen fruchtlos geblieben, verfügte
er sich selber am Rüsttage des Versöhnungsfestes — obschon
ein Freund ihm davon abrieth zu dem Metzger. Dieser Böse-
wicht aber fuhr ihn barsch an und wollte von einer Versöhnung
nichts wissen. Der Elende spaltete gerade den Kopf eines Ochsen
und versetzte sich unwillkührlich in seiner furchtbaren Wuth und
Aufregung einen Streich, der ihm den Garaus gemacht (Joma 87).

Von Rab's Wahrheitsliebe möge folgendes Faktum
zeugen: Er hatte nämlich ein böses, zanksüchtiges Weib, das
ihn stets zu kränken und gerade das Entgegengesetzte von dem
was er gewünscht, zu thun sich bemüht hatte. Als jedoch sein
wackerer Sohn Chija herangewachsen war, bestrebte sich dieser
stets die Bestellungen seines Vaters an die Mutter umgekehrt
auszurichten, damit sie dann das thue, was der Vater eigentlich
gewünscht hatte. So sehr diese von kindlicher Ehrfurcht und Liebe
zeugende Aufmerksamkeit dem Vater eine wahre Freude verursacht
haben mochte, gab Rab denn doch seinem Sohne einen strengen
Verweis darüber, weil man sich auf diese Weise leicht das Lügen
angewöhnen könnte (Jebam 63). Trotz der ihm von seinem bösen
Weibe zugefügten Kränkungen sagte Rab dennoch: Der Mann
soll nie sein Weib kränken, da dem Weibe die Thränen gegeben
sind (Baba Mezia 59).

Als Aba Areka von seiner irdischen Laufbahn abberufen
wurde (247), wurde er von allen babylonischen Juden ein ganzes
Jahr tief betrauert (Berach 43).

In demselben Maße als die Akademie zu Sura durch die segensreiche Wirksamkeit und umsichtsvolle Leitung Rab's einen mächtigen Aufschwung gewonnen, gelang es Samuel die Hochschule zu Nehardea, der er als Präsident vorstand, in Ansehen zu bringen und ihr die Achtung der Außenwelt abzugewinnen. Samuel, Sohn Abba bar Abba (geb. 160), wurde ebenfalls zu den hervorragendsten Schülern R. Jehuda I. gezählt und zeichnete sich überdies von seinen übrigen Collegen durch seine gründliche Kenntniß der Medizin und der Astronomie vortheilhaft aus. Selbst seinen Lehrer R. Jehuda hatte er durch seine rationelle ärztliche Behandlung von einem Uebel befreit (B. Mezia 86). Seine vielseitige Bildung dürfte auch dazu beigetragen haben, daß er freisinniger als seine Zeitgenossen war. Seine nüchterne, freisinnige Anschauung bekundete er besonders durch seine die Messiaszeit charakterisirende Ansicht. Er sagte: Zur Zeit der vollständigen Erlösung wird blos der schwere Druck der Unterthänigkeit aufhören, sonst aber wird in dem Gang der Welt nicht die geringste Aenderung eintreten. En ben haolam hase lijemos hamoschiach ela schibud Malchijot bilwad (Synhedr. 99).

So wie Rab durch die gediegene Kenntniß des Ritualgesetzes, war er durch die des Civilrechtes und der profanen Wissenschaften hervorragend. Betreffs seines so hochwichtigen Grundsatzes, daß die Staatsgesetze ebenso berücksichtigt werden müssen, wie die religiösen Satzungen: „Dine demalchuse dine", macht Grätz folgende beachtenswerthe Bemerkung: „Die Samuelsche Anerkennung der Landeseinrichtungen wurde in der Folge ein Rettungsanker für die Zerstreuten. Sie versöhnte einerseits selbst die Juden mit demjenigen Staate, wohin das unerbittliche Geschick sie geworfen hatte; ihr religiöses Gewissen fühlte sich nicht im Widerspruche mit den selten milden Gesetzen, die man ihnen auflegte. Andererseits konnten die Judenfeinde aller Jahrhunderte, welche, den scheinbar feindlichen Geist des Judenthums zum Vorwand nehmend, auf Verfolgung und gänzliche Vertilgung der jüdischen Nation riethen, auf ein jüdisches Gesetz verwiesen

werden, welches ihre Behauptung mit drei Worten ent
kräftete. Der Profet Jeremias gab den nach Babylonien ver-
triebenen Stämmen die herzliche Ermahnung für ihr Verhalten
in der Fremde mit: „Fördert das Wohl der Stadt, wohin ihr
vertrieben seid". Samuel hatte diese herzliche Ermahnung in eine
religiöse Vorschrift umgewandelt: „Das Gesetz des Staates ist
giltiges Gesetz". Jeremias und Mar Schemuel verdankt das
Judenthum die Möglichkeit seines Bestandes in der Fremde".
(Gesch. 4. B. S. 287).

So wie Rab bei dem parthischen Könige Artaban, stand
Samuel bei dem persischen Fürsten Schabur in hohem Ansehen.
Seine Zeitgenossen nannten ihn daher auch Schabur Malka*).
Seine astronomischen Studien soll Samuel mit einem persischen
Freunde Ablaat gemeinschaftlich betrieben haben. Als er noch
in Palästina war, äußerte er sich schon, daß ihm die Straßen
des Firmamentes eben so bekannt seien, wie die seiner Geburts-
stadt Nehardea. Chakim ana bischkake Schemaja kischkaka
Nehardea Karte (Jer. Berach. und Babli Berch. 58). Daß er
ein eben so gesuchter Arzt als tüchtiger Astronom gewesen, beweist
der Umstand, daß R. Jannai sich seine von ihm erfundene Augen-
salbe durch Mar Ukba aus Babylonien bringen ließ. (Bab. Mezia
107). Er war schon damals von der Idee durchdrungen, daß
die meisten Krankheiten von verdorbener Luft herrühren.

Samuel starb im Jahre 250. Sein Tod wurde von der
babylonischen Judenheit als ein unersetzlich großer Verlust
betrauert.

---

*) Folgendes Factum, das von Samuels Patriotismus zeugt, darf hier
nicht unerwähnt bleiben. Als König Schabur auf seinem Feld-
zuge glänzende Siege errungen und die cappadocische Hauptstadt,
Mazaca Cäsarea eingenommen hatte, kamen dabei 12000 Juden um.
Samuel jedoch unterließ es um die Gefallenen ein Trauerzeichen an-
zulegen, weil sie gegen Schabur gekämpft haben. (Moed Katan 26. a.)

IV.

R. Jehuda III. und R. Abuha.

R. Jehuda III., dessen Großvater Gamliel IV. die Patri archenwürde in Palästina nur kurze Zeit inne hatte (Jer. Ab. Sora 1.), trat nach dem Tode desselben dieses Amt an. Weder R. Jehuda noch sein Vorgänger R. Gamliel waren auf dem Gebiete der Halacha Autoritäten. Beiden standen die aus Baby lonien eingewanderten Amoräer R. Ami und R. Asi, die ihre gründliche Bildung in der Schule R. Jochanans erhalten und sich schon damals in der Kenntniß des Civilrechtes ausgezeichnet hatten, als anerkannte Gelehrte und Richter zur Seite. R. Ami und R. Assi wurden ihrer unpartheiischen Strenge und hohen Gelehrsamkeit wegen schlechthin „die Richter Palästina's" genannt. Und in der That waren sie die letzten Stützen der palästinischen Schulen, die nach ihrem Tode den gänzlichen Verfalle entgegengegangen sind.

Wenn auch R. Jehuda III. keine halachaische Autorität gewesen, da er doch die wichtigsten Fragen, die ihm vorgelegt wurden, dem R. Ami zur Entscheidung zu überweisen sich genöthigt sah, so hatte er sich denn doch um die Hebung der Gemeinde Institutionen, wie um die Verbesserung des damals so tief ver fallenen Schulwesens, große Verdienste erworben.

R. Ami, R. Assi und R. Chija mußten auf seine Veran lassung Rundreisen im Lande machen, die Schulen inspiciren, um die etwaigen Mängel zu verbessern und da wo Bildungsanstalten gänzlich fehlten, neue zu creiren. Als sie in eine Stadt kamen, wo sie weder Bibel noch Mischnalehrer fanden, fragten sie: Wo sind denn die Beschützer der Stadt? Um ihrem Wunsche gerecht zu werden, stellte man ihnen die Senatoren der Stadt (Santore Karta) vor. Wie, riefen sie verwunderungsvoll aus, das sollten die Wächter und Beschützer der Stadt sein? Mit Nichten! das sind nicht ihre Beschützer, sondern deren Verderber! Die eigentlichen Beschützer sind die Lehrer, denn es steht geschrieben: Wenn Gott nicht das Haus schützt, so wacht der Wächter vergeblich (Jer. Chag 1. 7.).

Als einst R. Ami und R. Assi, denen, wie bereits erwähnt, die wichtigsten Rechtsfälle zur Entscheidung vom Patriarchen R. Jehuda III. übertragen wurden, über eine sittlich und moralisch verkommene Jüdin Namens Thamar zu Gericht saßen und sie zu einer Strafe, zu welcher ist wohl nicht bekannt, verurtheilten, denuncirte sie die beiden Richter bei dem römischen Proconsul, indem sie vorgab, daß diese sich ungesetzlicher Weise Eingriffe in die römische Gerichtsbarkeit gestattet hätten. Die beiden Amoräer sahen sich genöthigt, den reichen und hochbegabten Gelehrten R. Abuha in einem Schreiben anzugehen, daß er zu ihren Gunsten seinen Einfluß bei dem Proconsul verwerthe. R. Abuha antwortete ihnen: Ich habe bereits gegen die Delatoren beim Proconsul gesiegt, aber gegen die widerspenstige Thamar blieb mein Bemühen vergeblich und fruchtlos (Jer. Megil. 47).

R. Jehuda III. wie sein Vorgänger R. Gamliel, die wie es wohl männiglich bekannt ist, nicht wie einst der Patriarch R. Jehuda I. mit Reichthümern und irdischen Glücksgütern gesegnet waren, um ihre Hochschulen, wie das Patriarchot erhalten zu können, sahen sich genöthigt, an die Munificenz der Glaubensbrüder in den Gemeinden Palästina's und des Auslandes appelliren zu müssen. Es wurden nämlich achtbare Persönlichkeiten als Sendboten abgeschickt, um in den Gemeinden für das Patriarchat Gelder zu sammeln. R. Jehuda III. hatte in Folge warmer Befürwortung des R. Elieser b. Padat den sehr gelehrten aber in äußerst dürftigen Verhältnissen lebenden R. Chia b. Abba als solchen Sendboten ernannt und ihm ein Vollmachtschreiben folgenden Inhaltes mitgegeben: „Wir senden euch einen sehr würdigen Mann, der uns gleich zu betrachten sei, bis er zu uns zurückkehrt" (Jerus Chag. 76).

Anfangs wurde dieser R. Chia von der reichen Familie Silvani aus Tiberias kräftigst unterstützt. Sie ließ ihm nämlich, da er ein Ahronide war, den Zehenten von ihrem Einkommen verabreichen. Dieser Unterstützung wurde er jedoch später, als er dieser sonst achtbaren Familie etwas verbot, was ein Anderer für gestattet erklärt hatte, verlustig, weil man ihn seine Abhängigkeit auf eine recht drastische Weise fühlen lassen wollte. R. Chia, ein äußerst biederer Charakter, beschloß von dieser Zeit an, von Niemandem mehr Zehenten anzunehmen (Jerus Scheb. 56).

Auch sein Bruder R. Simon b. Abba, eine sehr gelehrte Persönlichkeit, hatte mit Mangel und Noth mannigfacher Art zu kämpfen und zu ringen. Seine sehr dürftigen Verhältnisse waren denn doch nicht im Stande, ihn zur Annahme milder Gaben zu bewegen. Als jedoch die Noth größere Dimensionen anzunehmen drohte, ersuchte er den R. Chanina, er möge ihn beim Patriarchen protegiren, damit jener ihm ein Amt in irgend einer ausländischen Gemeinde verschaffe, um das Leben fristen zu können. R. Chia entgegnete ihm: Wie? ich soll dazu beitragen, daß die edelste Pflanze Judäas im Auslande prosperire? Nein, das könnte ich einst bei deinem Vater im bessern Jenseits unmöglich verantworten. (Jer. Moed. Katan).

Außer diesen hier angeführten Amoraim war zur Zeit R. Juda III. noch der bereits erwähnte reich begüterte R. Abuha besonders berühmt, weil er sich durch seine hohe weltliche Bildung und seltene Bescheidenheit vortheilhaft ausgezeichnet hatte. Sein Gewerbe bestand in der Anfertigung von Frauenschleiern, wodurch er sich bedeutende Reichthümer erworben hatte. (Sab. 119).

Seine äußerst schöne und imposante Gestalt wie seine feine Bildung verschafften ihm Eingang bei den römischen Behörden und besonders bei dem damaligen Proconsul Anthypathos in Cäsarea, der ihn hochschätzte.

Trotz seiner hohen Bildung und tiefen Gelehrsamkeit, besaß er die an Selbstverleugnung grenzende Tugend der Bescheidenheit; denn als man ihn zum Schuloberhaupte in Cäsarea wählte, lehnte er diese Würde zu Gunsten des in drückender Noth lebenden R. Abba aus Affo ab (Sota 10). Nichtsdestoweniger hielt er sowohl in der Synagoge zu Cäsarea als in andern Gemeinden gottesdienstliche Vorträge. Seine gediegenen geistreichen Reden hatten sich, da sie im Geiste des Volkes und in einer demselben verständlichen Sprache gehalten wurden, einer bedeutenden Frequenz zu erfreuen, während die Vorträge R. Chia b. Abba's, die derselbe einst mit ihm zugleich in einem fremden Orte hielt, spärlicher besucht wurden, weil dieser sich bloß über halachaische Themata verbreitet hatte. R. Chia fühlte sich durch diese Zurücksetzung tief gekränkt und verletzt. Der anspruchslose R. Abuha aber suchte ihn zu besänftigen, indem er ihm zurief: Deine Vorträge gleichen Edelsteinen, die nur Sachkenner zu würdigen verstehen, während meine Predigten bloß gewöhnlicher Waare gleichen, die Jedermann versteht (Sota 40)*).

In seinen Vorträgen polemisirte R. Abuha oft gegen die Minim, Sektirer oder Judenchristen, wie gegen ihre Dogmen. Mit Bezug auf den Vers in der h. Schrift (4. B. 24. 19) Gott ist kein Mensch, daß er trüge, kein Erdensohn, daß er sich bedenke, sollte er wohl sprechen und nicht thun, reden und nicht halten? bemerkte R. Abuha: Sagt dir ein Mensch Ich bin ein Gott so lügt er: ich bin ein Menschensohn so wird er es bereuen: ich steige in den Himmel, so wird es sich nie bewahrheiten. Im jomar loch Adam El ani, mechasew hu, ben Adam ani, soto lishawot ho, schaani ole leschamajim, hahu amar, welau jijeh (Jerus. Taanit. II. p. 65).

Daß die Minäer vor R. Abuha seiner vielseitigen Bildung wegen besondern Respect hatten, beweist folgende Erzählung: Einst hatte R. Abuha einigen Minäern, die Zollpächter gewesen zu sein scheinen, einen aus der Fremde eingewanderten R. Saphra als sehr gediegenen Gelehrten auf das Angelegentlichste empfohlen, in Folge dessen sie ihm einen dreizehnjährigen Rückstand von Abgaben erlassen hatten. Eines Tages jedoch stellten sie an R.

---

*) Sein Grundsatz: „Stets sei der Mensch von den Verfolgten, aber nicht von den Verfolgern" zeugt von seiner Bescheidenheit und Friedfertigkeit. (B. Kama 93.)

Saphra folgende Frage: Es heißt in Proph. Amos: „Nur euch habe ich aus allen Geschlechtern der Erde erwählt, daher will ich auch alle eure Sünden ahnden". Wie verstehst du diesen Vers? Uns will es bedünken, daß hier ein Widerspruch sei, denn man behandelt doch den nicht rücksichtslos, den man besonders liebt? R. Saphra schwieg, und schien ganz verlegen zu sein. Sein Stillschweigen erregte ihren Zorn in hohem Maße und sie suchten ihn durch allerlei Schimpf und Spott herabzuwürdigen. Mittlerweile aber kam R. Abuha an und als er sah, wie R. Saphra von ihnen auf eine tief verletzende Weise behandelt wird, nahm er keinen Anstand, ihr Vorgehen zu tadeln. Sie aber entschuldigten sich, indem sie ihm zuriefen: Hast du uns denn nicht diesen Mann als Gelehrten vorgestellt? Und siehe da, unsere Frage hat ihn in so große Verlegenheit gebracht, daß er nichts zu antworten weiß. Allerdings habe ich euch diesen Mann als Gelehrten vorgestellt, entgegnete R. Abuha, allein er ist nur ein gediegener Kenner des Talmud aber nicht der Schrift. Warum aber, fragen sie weiter, habt ihr stets unsere Einwendungen glänzend zu widerlegen gewußt, während dieser gleich bei der ersten Frage in Verlegenheit kam und nichts zu erwidern gewußt? Dieses Räthsel ist leicht zu lösen, versetzte Abahn. Wir, die wir hierlands von euch fortwährend mit euren Disputationen behelligt und belästigt werden, sind gezwungen, um euch von der Hohlheit und Nichtigkeit eurer Einwendungen überzeugen zu können, viel Zeit und Kraft auch auf dieses Studium zu verwenden, was bei jenen nicht der Fall ist. Und nun gab er ihnen auf die dem R. Saphra vorgelegte Frage eine glänzende Antwort, die sie in hohem Maße befriedigte (Ab. Sara. 4. a.). Da R. Saphra ein Essäer war, indem er sein Leben lang unverheirathet geblieben und von der Eidesleistung sich fern gehalten hatte (Pesach. 113), so will es uns bedünken, daß R. Abuha ihn deshalb in Gegenwart der Minäer gerühmt hat, um ihnen dadurch gleichsam zeigen zu können, daß selbst Essäer ihr Treiben auf das entschiedenste perhorresciren. Wir finden es daher auch leicht erklärlich, warum sie ihn, nachdem er ihre Frage nicht sofort beantwortete, auf die empfindlichste Weise zu kränken und zu verletzen suchten. Außer R. Saphra werden im Talmud nur noch drei Gelehrte namhaft gemacht, die im Cölibate gelebt haben. Ben Asai, R. Chanina und R. Oschia. Von letzteren zwei wird auch erzählt, daß sie sich mit dem Studium der Schöpfungsgeschichte Sefer Jezira eifrigst beschäftigt haben (Sanhedr. 65).

Wie sehr R. Abuha den Minäern zu imponiren gewußt und wie wenig er ihre Verleitungssucht zu fürchten brauchte, beweist der Umstand, daß er selber in seiner Krankheit keinen Anstand nahm, sich von einem Minäer Namens „Jakob Minai" heilen zu lassen (Ab. Sara 28).

Ueber die Possenreißer, die im Theater Juden und Juden= thum auf die brutalste und gemeinste Weise herabzuwürdigen sich bemüht hatten, sprach sich R. Abuha mit Indignation tief entrüstet aus. (Midr. v. 1. B. Absch. 52., 53. u. z. Klgld. 31. 2.).

Von Abahu's edlen und milden Gesinnungsweise möge folgendes Faktum zeugen: Als einst eine furchtbare Dürre in Judäa herrschte, wurde er ersucht, die üblichen Gebete anzuordnen, und zum Vortrage derselben wurde ihm ein sonst niedriger und berüchtigter Mensch empfohlen, der seiner Sünden wegen gewöhnlich „Fünfsünder" genannt wurde. R. Abuha war Anfangs sehr frappirt und ließ daher diesen Mann rufen um sich über sein Vorleben wie über seine Beschäftigung Auskünfte ertheilen zu lassen. Dieser gestand seinen ehrlosen Erwerb ein, indem er sagte: „Ich bin ein Unterhändler mit Dirnen; trage die Kleider in die Bäder, säubere das Theater und belustige durch Flötenspiel die Badegäste". Weißt du dich nicht zu erinnern, frug R. Abuha, ob du nicht einmal irgend etwas Gutes gethan? Ich erinnere mich, entgegnete Pentafafa, so hieß der Mann, daß ich einst eine weinende Frau an eine Säule gelehnt erblickt habe, und als ich sie nach der Ursache ihres großen Kummers fragte, theilte sie mir mit, daß ihr Gatte in der Gefangenschaft schmachte, und den geforderten Erlös auf eine andere Weise aufzubringen sie

9

nicht im Stande sei, als wenn sie ihre Ehre preisgeben würde. Durch die Worte dieser tief gebeugten Frau war ich so sehr gerührt, daß ich meine ganze Habe verkaufte um derselben das Lösegeld verschaffen und ihre Ehre retten zu können. Wahrlich, rief R. Abuha dem sonst berüchtigten Pentekaka entgegen, du allein bist würdig für uns zu beten. (Jerus. Taan. I, p. 64.)

R. Abuha hatte das Glück, daß auch seine beiden Söhne Abimai und Chanina sehr gelehrte Männer waren. Ja er erlebte sogar die Ordination seiner fünf Enkel, der Söhne Abimai's (Kid. 31.)

Höchst originell ist der Brief, den er seinem Sohne Chanina, der, als er zu seiner weiteren Ausbildung von seinem Vater nach Tiberias geschickt wurde, sich mehr mit Leichenbestattung als mit dem Studium befaßt hatte, geschrieben. „Mangelt es denn an Gräbern in Cäsarea, daß ich dich erst nach Tiberias schicken mußte. Das Studium ist weit dringender." (Jerus. Chag. 76.)

R. Abuhas Tod wurde allgemein betrauert. Am Tage, als er das Zeitliche gesegnet, erzählt die Sage, da haben die Säulen des Lehrhauses zu Cäsarea Thränen vergossen. (Moed. Satan. 25 a.)

Zur Zeit als R. Jehuda III. das Patriarchat inne hatte, saß Diokletian auf dem Throne, von dem die Juden begünstigt wurden, während er die Samaritaner sowohl als die Christen verfolgt hatte. (Jerus. Abod. Sara. 44.) Die Judenfeinde jedoch, so erzählt die Sage, suchten die Juden bei diesem Fürsten zu verdächtigen und zu verläumden, indem sie ihm erzählten, daß sie, die Juden nämlich, ihn oft seiner Abkunft wegen, da er bekanntlich früher ein Schweinhirt gewesen, lächerlich zu machen suchen. Hierüber tief entrüstet, ließ er, als er in Paneas, einige Meilen von Tiberias entfernt, residirte, dem Patriarchen Freitag Abends eine Vorladung zustellen, der zu Folge derselbe nebst den hervorragendsten Gelehrten Samstag Nachts vor ihm zu erscheinen hatte. Durch ein Wunder sind sie zur bestimmten Stunde eingetroffen, was den Kaiser sehr überrascht hatte.

Einige Tage ließ er sie dort auf eine sie in ihrer Ehre und Würde tief verletzende Weise behandeln, dann aber, als er bei einer Unterredung mit ihnen Gelegenheit gefunden sich von ihrer Treue und Unterwürfigkeit zu überzeugen, wurden sie von ihm in huldvollster Weise entlassen. (Jerus Terum. Ende und Genesis. r. 63.)

— —

V.

R. Huna, R. Jehuda und R. Nachman.

Während die Schule in Tiberias nach dem Tode der palästinensischen Amoräer R. Ami und R. Assi in gänzlichen Verfall gerieth, gewannen die babylonischen Akademien immer mehr und mehr an Ansehen und Achtung, denn sie prosperirten im höchsten Grade und erfreuten sich einer solch starken Frequenz, daß nach dem Tode der hochverdienten Lehrer Rab und Samuel noch eine dritte Schule, und zwar in Pumbadita, creirt wurde, der R. Jehuda b. Jecheskel als Schuloberhaupt vorstand. Der Nachfolger Rab's in Sura hingegen war R. Huna, und der Samuels in Nehardea, R. Nachman b. Jakob, der nach der Zerstörung Nehardea's (259) seine Schule nach Schekan-Zib am Tigris verlegt hatte.

R. Huna aus Dio Kart (geb. 212) galt nicht nur in Babylonien sondern auch in Judäa als eine gefeierte Persönlichkeit. Trotz seiner eminenten Gelehrsamkeit und seiner Verwandtschaft mit dem Exilsfürsten hielt er es nicht unter seiner Würde, mit dem Spaten in der Hand sein Feld zu bearbeiten.

Wenn ihn Parteien zum Richter wünschten, pflegte er ihnen zu entgegnen: Sobald ihr mir einen Mann besorget, der meine Feldarbeit versehen wird, will ich keinen Augenblick Anstand nehmen, eueren Prozeß zu schlichten. (Ket. 105.) Wenn Chama b. Anilai, ein sehr reicher und wohlthätig wirkender Mann, ihm, so oft er von der Feldarbeit heimkehrte, den Spaten

9*

aus der Hand nehmen wollte, lehnte er diese ihm erwiesene Aufmerksamkeit dankend ab. (Meg. 28.) Später jedoch, nachdem R. Huna in den Besitz großer Reichthümer gelangt war, ließ er seine Felder durch Arbeiter bestellen. Von seiner wohlthätigen Wirksamkeit ist der Talmud voll des Lobes. So oft R. Huna zu Tische ging, ließ er die Thür öffnen und ausrufen: Wer bedürftig ist, der komme und sättige sich. (Taan 20.) Jedenfalls war dieser Ausruf ernster gemeint als das übliche „Kol dichfin", das so Viele der heutigen Juden bei hermetisch verschlossenen Thüren am Sederabende sprechen.

Ueber die Rangstufe, die sich unter R. Huna gestaltete, macht Grätz folgende beachtenswerthe Bemerkung: „Unter R. Huna erhielt das öffentliche Leben in Babylonien, das im innigsten Zusammenhange mit dem Lehrhause stand, diejenige Einrichtung und Benennung, welche sich fast 800 Jahre erhalten haben. Allmälig und unwillkürlich gestaltete sich eine Rangstufe über= und untergeordneter Würden. Die Lehrversammlung, die, wie schon erwähnt, an bestimmten Monaten des Jahres zu= sammen kam, hieß Metibta (Lehrsitzung), der Leiter derselben, Resch=Metibta (Rector). Dem Vorsitzenden im Range zunächst standen die Resche=Kalla, deren Function war, in den drei ersten Wochen der Kalla=Monate das Thema zu erläutern, worüber der Resch=Metibta Vorträge halten sollte. Von den Lehrämtern waren die Richterämter verschieden; da der Gerichtsplatz noch immer nach altem Brauch vor den Stadtthoren war, so führten die Richter davon den Namen Dajunne di Baba (Thorrichter). Sie waren nach der theoretischen Seite von dem Resch=Metibta, nach der practischen von dem Resch=Galuta abhängig und von ihm ernannt." (Gesch. 4 B. S. 317.)

Die Akademie zu Sura überragte durch R. Huna's vier= zigjährige segensreiche Wirksamkeit die anderen babylonischen Schulen, obschon auch jene in hohem Ansehen standen, da die zu Pumbadita von R. Jehuda b. Jecheskel und die zu Nehardea von R. Nachman geleitet wurde.

R. Jehuda b. Jecheskel (geb. 220) war sowohl durch
seinen Scharfsinn als durch seine hohe Abstammung und eigen=
thümliche Anschauungen berühmt. Der Vers vehagito bo jomom
welailah „Du sollst dich mit dem Studium der Thora stets
beschäftigen" stand mit feurigen Zügen vor seiner Seele, so daß
er selbst behufs Abhaltung des üblichen Gebetes seine Studien
nicht unterbrechen wollte. Nur einmal des Monats, erzählt der
Talmud, hatte er sein Gebet verrichtet. (Rosch hasch. 31.)

Auf dem Gebiete der Rechtslehre, mit der er sich fast
ausschließlich befaßt hatte, war er eine anerkannte Autorität,
hingegen wurden die andern Theile der Mischna in seiner Schule
völlig vernachläßigt. (Synh. 98.) Nichtsdestoweniger wiederholte
er monatlich privatim die sämmtlichen Theile der Mischna.
(Rosch hasch. 35.)

Sein Bruder R. Ami, der nach Palästina ausgewandert
ist, scheint mit ihm nicht auf besonders gutem Fuße gelebt zu
haben; denn er fand es sogar für angemessen, ihn zuweilen
Lügen zu strafen. „Schenket den Worten meines Bruders Jehuda,
die er im Namen Rab's und Samuels berichtet, kein Gehör,
denn so und so haben jene gesagt", äußerte sich R. Ami.
(Chulin 44.) Nichtsdestoweniger wurde er nach dem Tode R.
Huna's zum Schuloberhaupte von Sura erwählt.

Höchst charakteristisch ist folgendes Factum, das der Talmud
von R. Jehuda erzählt. Eine achtbare Persönlichkeit aus Nehardea
die nach Pumbadita übersiedelt ist, wollte einst bei einem jüdischen
Metzger in Pumbadita Fleisch kaufen. Gedulde ein wenig, sagte
der Metzger, denn ich muß zuvörderst dem Diener R. Jehuda's
das gewünschte Fleisch verabreichen. Was kümmert mich der R.
Jehuda b. Schweskel, muß er denn überall und in allen Dingen
bevorzugt werden, entgegnete der Fremde ironisch. Als R. Jehuda
von dieser ihn verletzenden Aeußerung des Nehardeaner benach=
richtiget wurde, schleuderte er gegen ihn den Bann, und als
man ihm erst mittheilte, daß der Fremde jeden, mit dem er in
Streit geräth, einen Sclaven zu schimpfen pflegt, ließ er es

öffentlich proclamiren, daß der aus Nehardea eingewanderte Fremde ein Abkömmling von Sclaven sei, was eigentlich sagen wollte, daß keine anständige Familie sich mit der des Verbannten verschwägern soll.

Der Nehardeaner, tief entrüstet über das ihm zugefügte Unbill, klagte sein Leid dem R. Nachman, welcher keinen Augenblick anstand, R. Jehuda vor sein Tribunal vorladen zu lassen. R. Jehuda, den wohl im ersten Momente die ihm zugestellte Vorladung R. Nachmans, dem er geistig überlegen war, überrascht und tief verletzt haben mochte, konnte sich nicht sofort entschließen derselben Folge zu leisten, allein nachdem er hierüber mit R. Huna Rücksprache gepflogen und dieser ihm aus Rücksicht gegen den Exilsfürsten, dessen Schwiegersohn Rabbi Nachman war, zur Nachgiebigkeit gerathen hatte, verfügte er sich zu R. Nachmann, mit dem Vorsatze aber, ihn seine geistige Ueberlegenheit im vollsten Maße fühlen zu lassen. Gerade bei seiner Ankunft war R. Nachman mit der Renovirung seines Hauses beschäftigt. Warum thust du dieses fragte R. Jehuda, Samuel hat es ja ausdrücklich gesagt, das Oberhaupt einer Gemeinde darf in Gegenwart dreier Leute keine Arbeit verrichten! Nachdem R. Jehuda im Gespräche mit R. Nachman sowohl an seiner Ausdruckweise — da R. Nachman sich oft der vulgärsten Ausdrücke, die in ungebildeten Kreisen gang und gäbe waren, bediente — wie an seiner halachaischen Bildung Tadelnswerthes gefunden, jener ihm zu: Wozu bist du denn eigentlich gekommen, etwa rief mein ganzes Thun und Lassen einer scharfen Kritik zu unterziehen? Warum ich gekommen bin, entgegnete R. Jehuda, du hast doch mir eine Vorladung zustellen lassen. Nun, sagte R. Nachman, da du einmal erschienen bist, so vertheidige dich, damit die Leute nicht sagen, die Gelehrten seien partheiisch gegen einander. Warum hast du diesen Mann, um dessenwillen ich dich vorladen ließ, in den Bann gethan? Weil er den Diener eines Schriftgelehrten beleidigt hat u. s. w. Warum hast du es noch öffentlich verkünden lassen, daß er ein Sclave sei? Weil er Andere im Streite Sclaven zu schimpfen die Gewohnheit hat, und Samuel sagte, wer einen Andern zu verletzen bemüht ist, der verdächtigt sich hiedurch selber. Dieser Combination zufolge, entgegnete R. Nachman, darf man aber noch nicht mit Bestimmtheit behaupten und am allerwenigsten es verkünden lassen, daß Dieser oder Jener, der sich blos, wie Samuel sagte, durch die ausgebrachten Schimpfworte in Verdacht gesetzt hat, ein Sclave sei. Der Kläger, der bei dieser Verhandlung anwesend war, beklagte sich seinerseits über dieses ihm zugefügte Unrecht umso mehr, als er auf seine hasmonäische Abstammung stolz hinweisen zu können glaubte. Nun rief R. Jehuda mit freudigem Selbstbewußtsein aus: Durch diese Angabe finde ich erst meine Aeußerung vollkommen gerechtfertigt, denn Samuel hat es ausdrücklich gesagt, daß Jeder, der sich rühme, er sei ein Hasmonär, der müsse als ein Abkömmling Herodes', der ein Sclave der Hasmonär gewesen, betrachtet werden. R. Nachman war nun besiegt und mußte das Urtheil R. Jehuda's gelten lassen. — Durch dasselbe sollen mehrere anständige Familien, die mit dem Verbannten verschwägert waren, ihre Ehen aufgelöst haben, was aber das Volk in eine solch' fürchterliche Aufregung versetzt hatte, daß die Leute den anwesenden R. Jehuda steinigen wollten. Der kühne und unerschrockene R. Jehuda rief ihnen zu: Wenn ihr euch nicht mäßigt und beruhiget, so will ich euch noch andere Familiengeheimnisse enthüllen, die euch weit unangenehmer berühren und auf das unerquicklichste überraschen dürften. Wie ein Blitz aus heiterem Himmel sollen diese Worte gewirkt haben, denn aus Furcht haben sie alle die Steine beseitigt. (Kid. 70, Ket. 110.) Einen seiner talentirtesten Collegen hatte er ebenfalls, weil er nicht gut beleumundet war, in den Bann gethan. Als R. Jehuda in den letzten Zügen lag, besuchte ihn auch der Verbannte, den er mit Lächeln empfing. Nicht genug, daß du mich verbannt hast, werde ich noch von dir verspottet, rief ihm der College zu. O ich verspotte dich nicht, entgegnete R. J., sondern es freut mich, mit dem süßen Bewußtsein vor des Weltenrichters Throne

erscheinen zu können, selbst Männern deines gleichen die ihnen
gebührende Strafe nicht entzogen zu haben. Nach dem Tode
R. Jehuda's wendete sich der Verbannte an den Patriarchen
R. Jehuda III. in Palästina; allein dieser übergab diese An=
gelegenheit R. Ami, der es aber auch nicht wagen wollte, den
von R. Jehuda verhängten Bann aufzulösen. (Moed Katon 17.)
Sein Nachfolger war R. Chisda aus Karsi, der sowohl seines
Scharfsinnes, wie seines immensen Reichthums wegen berühmt
war. Vom Hause aus arm, soll später in seinem Hause der
Reichthum in seiner breitesten Behäbigkeit Platz genommen
haben. Sein halach. Gegner war der fromme und erblindete
R. Scheschet, der nicht nur die Mischna, sondern auch die
sämmtlichen Baraitot aus dem Gedächtnisse zu citiren im
Stande gewesen sein soll.

Der bereits erwähnte R. Nachman (geb. 235) hatte die
verwitwete Tochter des Exilsfürsten, die Jalta hieß und gelehrt
war (vgl. Chul. 109 b.) geheiratet, wodurch er in die ange=
nehme Situation versetzt wurde, auf großem Fuße leben, einen
Hofstaat führen und Glanz und Pracht entwickeln zu können.

VI.

Hillel II.

Wir haben bereits erwähnt, daß nach dem Tode der hoch=
verdienten Amoräer R. Ami und R. Assi die paläſtiniſche Schule
in ihren Grundfesten gewaltig erschüttert und dem gänzlichen
Verfalle nahe war. Auch die Patriarchenwürde ist mittlerweile
bedeutungslos geworden. Nach dem Tode R. Jehuda II. trat
dessen Sohn Hillel II. an seine Stelle. Constantin, der das
Christenthum zur Staatsreligion erhoben und im Jahre 380
den Sitz der Regierung von Rom nach Byzanz, am Eingange
des thracischen Bosporus, auf drei Seiten vom Meere um=

flossen und auf der vierten durch einen Gebirgsabhang gedeckt, verlegt, und seine zahlreiche Familie selbst durch Hinrichtungen decimirt hatte, gelangte um jene Zeit zur Regierung. Anfangs zeigte er sich nicht blos gegen die anderen Confessionen, sondern auch gegen das Judenthum tolerant und milde. Die jüdischen Patriarchen und Vorsteher durften dieselben Rechte als die christlichen Geistlichen genießen. Id enim et divi principes. — Als er jedoch später das Christenthum auf den Thron erhob, ließ er sich von den Einflüsterungen gewandter Kirchenlehrer bestimmen, das Judenthum tief zu Boden drückende Edicte zu erlassen, die durchaus nicht darnach angethan waren, der Lehre von der christlichen Liebe, von der wohl die Geistlichen aller Zeiten gefaselt haben, zu entsprechen.

Die eigentlichen unerträglichen Leiden und Verfolgungen aber begannen später, als Gallus, der Mitkaiser und naher Anverwandter Constantins, nach Syrien kam und seinen Legaten Ursicinus nach Judäa schickte. Letzterer zwang die Juden, seine Soldaten zu bequartieren und zu verpflegen, wodurch die Rabbinen sich genöthigt sahen, manche Gesetzesübertretungen, wie z. B. am Sabbath und selbst am Passafeste für's Militär frisches Brot zu backen, gestatten zu müssen. Die Juden, von jeher gewohnt für den Glauben der Väter nicht nur leben, sondern auch sterben zu können, fanden diese und ähnliche Leiden, als sie größere Dimensionen anzunehmen drohten, für unerträglich und rafften sich gemeinschaftlich auf, um in einem Aufstande, den sie in Scene setzten, ihrer Erbitterung, Entrüstung und Verzweiflung entschiedenen Ausdruck zu verleihen. In den Städten Sepporis, Dio Cäsarea, Tiberias und Lida hat das Feuer der Revolution lichterloh emporgeflackert, viele Römer wurden überfallen und schonungslos niedergemacht. Gallus erhielt aber bald von Constantins eine Legion, mit deren Hilfe es ihm gelang, den Aufstand zu unterdrücken, bei welcher Gelegenheit Tausende von Juden in allgemeinen Blutbädern hingeschlachtet wurden. Sehr viele retteten sich blos durch die Flucht.

Die Judenverfolgungen waren so groß und furchtbar, wie in den Zeiten Titus' und Hadrian's.

In Folge dessen gewann man bald die Ueberzeugung, daß der bis dahin üblich gewesene Brauch der alljährlichen Fest=setzung des Kalenders völlig unpraktisch geworden, weil das Aussenden der Boten, um die Festzeiten bekannt zu geben, nicht mehr verläßlich war, daher sich der Patriarch Hillel II. ge=nöthigt sah, eine Kalenderordnung, die ein= für allemal muster=giltig sein und die Kundmachung durch Boten entbehrlich machen soll, auszuarbeiten und zu veröffentlichen. Die alljährliche Fest=setzung des Kalenders war noch bis dahin die einzige Function, welche die sämmtlichen Juden des In= und Auslandes von dem Patriarchenhaus abhängig gemacht hatte. Hillel II., der mehr um das Wohl der Gesammtheit als um die Würde seines Hauses besorgt war, entschloß sich anstandslos zu einem von einem hohen Grade von Selbstverleugnung zeugenden Schritte, wozu seine Ahnen um keinen Preis zu bewegen gewesen wären.

Als der Bruder des tiefentsittlichen Gallus, der wackere Julian, von der Kirchengeschichte Apostata genannt, zur Regie=rung gelangte, haben sich die jüdischen Verhältnisse günstiger gestaltet, denn dieser edelmüthige und geistreiche Kaiser war für die jüdische, den Monotheismus predigende Religion sehr be=geistert. Während seine letzten Vorgänger es sich zur Lebens=aufgabe gemacht, das Judenthum in seinen Grundfesten zu er=schüttern, suchte Julian nicht blos die schwere Bürde der von den unsäglichen Leiden tiefgebeugten und niedergedrückten Israeliten zu erleichtern, sondern hielt es sogar für seine erste Pflicht, die jüdische Religion hochzuhalten, dem Judenthum eine ihm gebührende Stellung einzuräumen und ihm nach Außen ebenso Achtung zu verschaffen, wie es nach Innen zu kräftigen, wovon sein an die jüdischen Gemeinden gerichtetes schmeichel=haftes Schreiben Zeugniß gibt. In demselben nannte er auch den Patriarchen Hillel „seinen Bruder", indem er sagte: „Im Begriffe, euch noch mehr Gunst zu bezeigen, habe ich meinen

Bruder, den ehrwürdigen Patriarchen Julos (Hillel) ermahnt,
die von euch sogenannte Sendesteuer zu verhindern, und daß
Niemand mehr die Eurigen mit Eintreibung solcher Steuer-
auflagen ferner bedrücke, damit ihr überall in meinem Reiche
der Sorge enthoben sein sollet." (Gr. S. 369.) Ja seine Liebe
zum Judenthum ging so weit, daß er sogar beabsichtigte, den
Tempel zu Jerusalem neu aufbauen zu lassen; allein die Juden
scheinen für dieses Project umsoweniger begeistert gewesen zu
sein, als sie doch in einem römischen Kaiser unmöglich ihren
Messias erblicken konnten. In den jüdischen Quellen wird in
der That nichts von einem Julianischen Tempelbau erwähnt,
während das, was die christlichen Quellen hierüber referiren, in
das Reich der Sagen gehört.

Nach dem Tode Hillel II. haben zwar noch drei würdige
Männer, Gamliel V., Sohn des Hillel II., dessen Sohn
Juda V. und der letzte Gamliel, lauter Sprößlinge dieser hoch-
achtbaren Patriarchenfamilie, die Patriarchenwürde bekleidet;
allein ihre Wirksamkeit war, obschon sie durch äußeres Gepränge
und pomphafte Titel zu glänzen und zu prunken suchten, von
gar keiner Bedeutung.

R. Gamliel, der letzte (Batrei) war also der letzte Sprosse
des Hillelianischen Hauses. Mit seinem Tode ging auch das
Patriarchat in Palästina für immer zu Grabe und die Regierung ließ nunmehr mittelst eines Decretes die Patriarchengelder
für den kaiserlichen Staatsschatz einziehen.

VII.

Rabbah bar Nachmani.

Nachmani, ein Babylonier von Geburt, hatte in Palästina
zur Zeit, als Jochanan segensreich wirkte, gelebt. Von seinen
sieben Söhnen haben sich drei, Samuel, Oschia und Rabbah,

vortheilhaft ausgezeichnet. Sie waren vorzügliche Agadisten. Oschia und Rabbah wurden sogar für die Verfasser des Midrasch rabbah gehalten. Rabbah war nicht blos auf dem Gebiete der Agada, sondern auch auf dem der Halacha eine anerkannte Autorität Rabbah und seine Brüder lebten in sehr drückenden und dürftigen Verhältnissen. Oschia und sein jüngerer Bruder Chananjah, Schuhmacher von Profession, mußten sogar aus Mangel an Kunden ihre Waare an Freudenmädchen veräußern; nichtsdestoweniger blieben sie sittlich, unverdorben und unbefleckt. (Pesach, 113.)

Zur Zeit, als in Pumbadita die Resch Metibta-Stelle in Erledigung gekommen, kam Rabbah nach Babylonien. Anfangs wurde diese Resch Metibta-Stelle dem R. Huna b. Chijah übertragen, der jedoch seines allgemein verhaßten Erwerbes wegen — denn er war Zollpächter und gelang hiedurch zu einem riesigen Reichthum — nicht in der Lage war, die Metibta in Schwung bringen zu können. Nach seinem Tode fand bald eine neue Wahl statt. Rabbah und sein Freund R. Josef b. Chijah kamen in die engere Wahl.

Um sich jedoch die Gewißheit zu verschaffen, wer von diesen Beiden eigentlich besonders bevorzugt zu werden verdiene, da Rabbah durch seltenen Scharfsinn, wofür der ihm beigelegte Titel „Oker harim" spricht, glänzte, während R. Josef, den man wieder „Sinai" nannte, durch vielseitige Kenntniß der Halacha hervorragte, wandte man sich nach Palästina mit der Frage, wem von beiden eigentlich die Resch Metibta-Würde übertragen werden solle. In Judäa entschied man sich für R. Josef; dieser jedoch lehnte dankend die Wahl ab, daher Rabbah zum Resch Metibta ernannt wurde.

Unter seiner Aegide gewann die Schule einen mächtigen Aufschwung, daher sie besonders in den Kala-Monaten sehr stark frequentirt wurde. Aus allen Gegenden Babyloniens strömte das Volk um diese Zeit massenhaft herbei, um die Vorträge Rabba's mit gespanntester Aufmerksamkeit anhören zu können·

Diese halbjährigen Wallfahrten gaben jedoch den Denuncianten Veranlassung, den frommen Lehrer beim persischen
König zu verleumden und zu verdächtigen, indem sie angaben,
daß Rabbah die Ordnung störe, wodurch sehr viele steuerzah-
lende Bürger verhindert werden, ihre Steuern zu entrichten.

Diesen Angebereien zufolge wurde von Seite der Regierung gegen Rabbah ein Haftbefehl ausgefertigt. Rabbah wurde
jedoch frühzeitig von befreundeter Seite hievon in Kenntniß gesetzt und ergriff daher eiligst die Flucht. Als er aber unterwegs
auf einem Baumstamm saß und in dem Rauschen der Blätter
Verrath wittern zu müssen glaubte, ergriff ihn ein solch' pani-
scher Schreck, daß er sofort todt zu Boden sank. Seine Leiche
wurde auf die feierlichste Weise bestattet. Die Trauer war eine
allgemeine. (B. Mezia 86.)

Sein Nachfolger im Amte war der bereits genannte R.
Josef, der sich diesmal, obschon bereits im vorgerückten Alter
und fast erblindet, dennoch herbeiließ, diese ihm übertragene
Würde anzunehmen. Früher soll er, einer talm. Erzählung zufolge, deshalb diese Würde anzunehmen Anstand genommen
haben, weil ein Astrolog ihm keine lange Amtsdauer progno-
sticirt hatte. (Horajot 14.) Er befaßte sich nicht blos mit dem
Studium der Halacha, sondern auch mit der chaldäischen Uebersetzung der Thora. Seiner eminenten Gelehrsamkeit halber
nannte man ihn „Mare Chittaja", d. i. Weizenbesitzer. (Ibid.
Ende.) Durch eine schwere Krankheit, die er zu überstehen hatte,
büßte er sein Gedächtniß ein.

VIII.

Abaji und Raba.

Nachdem R. Josef b. Chija das Zeitliche gesegnet hatte,
wurde Abaji, der sich in einer Disputation als vorzüglicher

Dialektiker und geistreicher Haggadist gezeigt hatte, zu seinem Nachfolger gewählt.

Abaji (geb. 280) hieß auch Nachmani, und wurde von seinem Oheim Rabbah b. Nachmani erzogen, unterrichtet und herangebildet. Sein Vater Kailil starb noch vor seiner Geburt, während seine Mutter unmittelbar nach dessen Geburt ihren Geist aufgab. Seiner Pflegemutter, die er Mutter nannte, er= innerte er sich noch in den spätesten Jahren mit wahrer Dank= barkeit. Selbst ihrer sympathischen Heilmittel gedachte er öfters.

Sein Oheim, der schon frühzeitig die hervorragenden Geistesgaben und Fähigkeiten des jungen Abaji bewunderte, rief hoffnungsvoll aus: „Was eine Melone werden soll, muß sich schon in der Knospe zeigen." Um den Geist des jungen Abaji zu schärfen, pflegte Rabbah b. N. oft in seiner Gegenwart ge= rade das Entgegengesetzte von dem auszuführen, was er ihn ge= lehrt hatte. Jedesmal war aber Abaji ganz frappirt und rief ihm zu: Mein Lehrer, du hast doch ganz anders gelehrt, worauf der Talmud immer bemerkt: „Rabbah lechadudi deaboji hu debai." Rabbah wollte blos Abaji's Gedächtniß schärfen. (Vgl. Chulin 43 u. a. anderen Stellen.)

Nicht nur durch hohe Geistesgaben, sondern auch durch Charakterfestigkeit zeichnete sich Abaja vortheilhaft aus, wodurch es ihm gelang, sich die Liebe Aller im hohen Maße zu erwerben. Er wurde selbst von Nichtjuden hochgeachtet und geschätzt. Als ihm einst ein Esel in Verlor gerieth, den Samaritaner gefunden, stellten sie ihm denselben zurück, obschon er ihnen kein specielles Zeichen anzugeben wußte. „Wärest du nicht Nachmani, wir hätten wahrlich auch auf dein Zeichen nichts gegeben", ließen sie ihm sagen. (Gittin 45.) Seine Lehren und Grundsätze zeugen von seinem toleranten, sanften und milden Charakter: „Stets sei der Mensch gescheidt in der Gottesfurcht, seine Sprache sei sanft, zurückhaltend im Zorne, er fördere den Frieden und strebe mit den Brüdern, Verwandten und jedem Menschen friedlich zu leben, selbst mit dem Heiden auf dem Markte, auf daß er oben

geliebt und auf der Erde wohlgelitten werde und sich der all=
gemeinen Achtung zu erfreuen habe." (Berach 17.) Mit Raba,
seinem Zwillingsamora, war er bestrebt, seinen Schülern den
Betrieb eines Erwerbszweiges auf das angelegentlichste zu
empfehlen. Er rief ihnen nämlich zu: Viele ahmten R. Ismael
nach, der neben seinen Studien auch den Landbau nicht ver=
nachläßigte, und sie hatten keine Ursache, es zu bereuen, hin=
gegen aber haben es Andere versucht, dem R. Simeon b. Jochai
nachzuahmen, der sich blos auf das Studium beschränkt hatte,
und sie waren auf falscher Fährte, denn sie hatten dann mit
Mangel und Noth mannigfacher Art zu kämpfen und zu ringen.
Amar Abaji harba osu kerabi Jismael weolsa bejadon. ke R.
Schimon b. Jochai welau olsu bejadon. (Berach. 35.)

Abaja war nicht reich begütert und lebte so frugal, daß auf
seinen Tisch nie Wein kam. (Ketub 65.) Nichtsdestoweniger vermied
er es, Geschenke anzunehmen. Blos diejenigen Spenden, die ihm
als Ahroniden gebührten, wies er nicht zurück. (Chul. 133.)
Körperlich war er so schwach, daß er oft nicht im Stande war,
den üblichen Priestersegen in der Synagoge zu sprechen. (Ibid.)
Als er sich jedoch im vorgerückten Alter mit der reichen
Enkelin des R. Jehuda I., der zweimal verwitweten Chama,
verehelicht hatte, wurde er der drückendsten Nahrungssorgen ent=
hoben. Allein nicht lange durfte er sich dieses Glückes erfreuen,
denn er wurde in seinem 60. Lebensjahre von seiner irdischen
Laufbahn abberufen. (Ket. 115.)

Nach dem Tode Abaja's wurde zum Resch Metibta Raba
bar Josef bar Chama (geb. 299) aus Machuza ernannt.

Raba, der von der göttlichen Vorsehung sowohl mit irdi=
schen Gütern als mit höheren Geistesgaben beglückt wurde,
suchte durch scharfsinnige Erörterungen und geistreiche Lehr=
methode die Schule auf die höchste Stufe der Vollkommenheit
und der Veredlung zu bringen. Er war so sehr für die talmu=
dischen Erörterungen begeistert, daß er einen Lehrsatz aufstellte,
der mit Rab's Ansicht völlig divergirend gewesen. Rab hat

nämlich gesagt: Es heißt: „Die Tage des Armen sind uner-
quicklich, ein heiteres Gemüth ist aber beständige Mahlzeit";
das erstere habe Bezug auf den Talmud, das andere hingegen
auf die Mischna. Raba behauptete im entgegengesetzten Sinne.
Es heißt nämlich: Wer Steine fortschafft, der martert sich ab
das deute hin auf Diejenigen, die die Mischna studiren, wer
aber Holz spaltet, der gewinnt, das will auf Diejenigen, die
sich ausschließlich mit dem Studium des Talmud befassen, Bezug
haben. (Sanhedr. 100.) In der That haben seine Zuhörer seiner
geistreichen Behandlung des Talmud die größte Anerkennung
gezollt. (Vgl. Zeboch. 2.)

Raba hatte sich auch der Gunst des persischen Königs
Schabur und besonders der Verehrung dessen Mutter Ifra zu
erfreuen. Letztere begünstigte so sehr die Juden, daß sie für die
jüdischen Armen dem R. Ame nach Tiberia 200 Denare ein-
gesendet hatte. Nachdem R. Ame sich weigerte, diese Spende
anzunehmen, wurden sie dem Raba zugestellt, der sie sofort,
dem Wunsche der Königin-Mutter zufolge, unter die Armen
vertheilen ließ. Ja er ließ sogar auf Verlangen der Ifra ein
Kalb Gott zu Ehren opfern. (Zebach. 116.)

Einst ließ Raba einen Juden, der sich mit einer Sama-
ritanerin eingelassen hatte, so sehr geißeln, daß er starb. Man
zeigte diese That an und Raba wurde hierüber zur Verantwortung gezogen. Allein die bereits erwähnte Ifra vertheidigte
Raba bei ihrem Sohne auf das Angelegentlichste. Schonet die
Juden, rief sie aus, denn sie können durch ihr Gebet Vieles er-
wirken. Nun, so soll er durch sein Gebet uns Regen erbitten,
entgegnete der König. Raba betete und sein Gebet soll Erhörung
gefunden haben, denn der Regen strömte bald in heftigen Güßen
zur Erde nieder. (Taan 24.) Raba hielt so sehr auf die scharfsinnige
Auslegung des Talmud, daß er zu sagen pflegte: „Besser ist
ein Körnchen Pfeffer (Scharfsinn) als ein Sack voll Melonen."
Die Discussionsweise der beiden Amoräer Abaji und Raba
nannte man gewöhnlich „Hawajoth d. Abaji we Raba". weil

Beide sich als hervorragende Dialektiker vortheilhaft aus-
zeichneten.

Nach vierzehnjähriger Wirksamkeit starb Raba im Jahre
352. Mit seinem Tode verlor auch die Schule zu Machuza ihre
Bedeutung und die zu Pumbabita gelangte wieder zu ihrer früheren Stellung.

R. Nachman b. Jizchak wurde nach Raba's Tode zum
Rector der Metibta in Pumbabita ernannt, welches hochwichtige
Amt er vier Jahre, bis zu seinem im Jahre 356 erfolgten
Tode, inne hatte. R. Nachman zeichnete sich besonders durch
Frömmigkeit aus, daher ihm das Prädicat „Chaside Babel"
beigelegt wurde.

Um jene Zeit wurde auch zu Naresch, in der Nähe von
Sura eine Schule creirt, der R. Popa b. Chanan als Oberhaupt vorstand. R. Popa war auch begütert, besaß eine Bier-
brauerei und er ernannte seinen ebenfalls begüterten Freund
und Geschäftscompagnon R. Huna b. Josua zum Resch-Kalla
seiner Schule.

R. Popa besaß jedoch zu wenig Gelehrsamkeit, um seinen
Zuhörern imponiren und seiner von ihm gegründeten neuen
Schule das ihr gebührende Ansehen verschaffen zu können. R.
Simai b. Aschi, Vater des später so berühmt gewordenen R Aschi,
pflegte R. Popa bei dessen Vorträgen durch scharfsinnige Fragen,
diese er an ihn richtete, große Verlegenheiten zu bereiten. (Taan. 9.)
Auch der Nachfolger R. Nachman b. Jizchak's zu Pumbabita,
nämlich R. Chama aus Nehardea, war ein solch' unbedeutender
Lehrer, denn er wußte nicht einmal auf die Frage des Königs
Schabur, ob die Beerdigung eines Todten in der Thora vor-
geschrieben sei, eine entscheidende Antwort zu geben. (Synh. 46.)
Auch die späteren Nachfolger R. Chama's, wie R. Sebid, R.
Dimi, Raphram R. Kahana II. und R. Achah b. Raba, waren
nicht im Stande, die bereits gesunkene Schule zu Pumbabita
auf die Höhe der Zeit zu bringen.

IX.

R. Aschi und Abina.

Während die einst so berühmt gewesene Schule zu Pumbadita ihrem Verfalle entgegengegangen ist, nahm die zu Sura
durch ihr neues Oberhaupt, den kaum 23 Jahre zählenden R.
Aschi b. Simai, einen mächtigen Aufschwung.

R. Aschi war von Haus aus begütert und zeichnete sich nicht
nur durch Scharfsinn und höhere Geistesgaben, sondern auch
durch Biedersinn und Charakterfestigkeit vortheilhaft aus. Er
ließ das einst von Rab erbaute Lehrhaus zu Sura abtragen
und neu aufbauen. Dasselbe erhielt wieder durch Aschi's segensreiche Thätigkeit denselben Nimbus, den ihm einst Rab verliehen
hatte. R. Aschi galt allgemein als die anerkannteste Autorität
seiner Zeit, der sich selbst die ältesten Amoras, Huna b. Nathan,
Amemar und Mar-Sutra bereitwilligst fügten und ihr die Bestimmung der Festtage freiwillig überließen. Sura wurde durch
ihn zum Sitz der Exilhäupter gewählt.

Sein vorzüglichstes Verdienst, das er sich während seiner
dreiundfünfzigjährigen Wirksamkeit erworben hatte, bestand in
der Gründung des „Talmud". In seiner Zeit wurden nämlich
in den Kalla-Monaten, so oft die Schüler und sämmtliche Mitglieder zusammenkamen, mehrere Abschnitte der Mischna nebst
den talm. Erläuterungen durchgenommen, so daß in dreißig
Jahren die sechzig Abschnitte vollständig geordnet waren. Diese
Zeiträume wurden Mehadure Kama umehadure batra, der erste
und der zweite Cyclus, genannt.

Sehr treffend bemerkt Grätz: „R. Aschi ward durch die
Talmudsammlung der Vollender des Werkes, das R. Juda
zweihundert Jahre vorher begonnen hatte. Aber die Arbeit war
unendlich schwieriger. Denn die Mischna umfaßte nur einen
compendiarischen Auszug des Halachastoffes, das Uebrige den
Boraitos überlassend; der Talmud hingegen nahm Alles auf

und ließ gar nichts zurück. Die Mischna lieferte nur die trockene
Halacha, künstlich abgerundete Gesetzesparagraphen, der Talmud
aber gab auch das Lebendige der Gesetzesentwicklung und ihren
geistigen Gehalt, noch dazu mit dialectischer Schärfe. Den ersten
Anstoß zur Talmudsammlung bildete eine der wichtigsten Epochen
der jüdischen Geschichte; der babylonische Talmud (Talmud
babli) wurde von jetzt an ein mitthätiges, wirksames, einfluß=
reiches Element. Ganz vollendet hat indessen R. Aschi das
Riesenwerk nicht. Denn wiewohl er seinen Eifer auf's Sammeln
verwendete, so war weder bei ihm noch bei seinen Zeitgenossen
die Schöpferkraft so sehr versiegt, daß sie ihre ganze Thätigkeit
nur auf das Sammeln beschränken mochten. Im Gegentheile
löste R. Aschi viele der von den früheren Amoras zweifelhaft
gelassenen oder ungenügend gelösten Fragen, und seine Entschei=
dungen sind ebenso treffend und scharfsinnig wie einfach, so
daß man sich oft verwundern muß, wie die frühern sie über=
sehen konnten. Seine Memra's (talmudische Sentenzen) sind
später auch dem Talmud einverleibt worden." (Gesch., 4. Bd.,
S. 382.)

R. Aschi erreichte ein hohes Alter und starb im J. 427.
Sein Nachfolger in Sura war Maremer, der blos 4 Jahre
dieses hochwichtige Amt inne hatte. Nach dem Tode Maremer's
wurde R. Idi b. Abin zum Schulhaupte von Sura ernannt.

Ungefähr fünfzig Jahre nach dem Tode R. Aschi's wurde von
den letzten anerkanntesten Amoraim Abina und R. Jose, ersterer
zu Sura und letzterer zu Pumbadita, das bereits von R. Aschi
begonnene Riesenwerk, „Talmud" genannt, vollendet. Dieses Werk,
das nicht nur rein religiöse, sondern auch astronomische, natur=
geschichtliche, anatomische, medicinische, mathematische, philosophische
und weltgeschichtliche Themata in trefflicher Weise bespricht und be=
handelt, zeugt, daß dessen Verfasser auf der Höhe der Zeit ge=
standen sind und keinen anderen Zweck verfolgt haben, als ihre
Glaubens= und Leidensgenossen zu wahrhaft frommen, Cultur
und Bildung fördernden Israeliten, zu wackeren Staatsbürgern

und opferwilligen Patrioten heranzubilden. Der Umstand, daß sittlich verkommene und moralisch versunkene Halbwisser und Charlatane, wie die längst vermoderten Heuchler Eisenmenger, Pfefferkorn, Bodenschatz und Consorten früherer Jahrhunderte und deren blinden Nachbeter in neuerer Zeit, es versucht haben, den „Talmud" durch lügenhafte Verleumdungen zu begeifern, beweist zur Genüge, daß dieses Werk edle und erhabene Zwecke verfolge; denn nur das Treffliche und Höhere, nicht aber das Niedrige und Verwerfliche sucht die gemeine Lästerzunge zu verunzieren und herabzuwürdigen. So möge denn nun die gegenwärtige, im Vollgenuße der Freiheit und der Gleichberechtigung lebende Generation bei ihrem Streben nach Cultur und Bildung nicht vergessen, daß das Judenthum den „Talmud", ein großartiges Werk von culturhistorischer Bedeutung, besitzt, ein Werk, das umsomehr in jedem Betracht besonders gewürdigt zu werden verdient, als es Haß, Lieblosigkeit, Intoleranz und Verfolgungssucht auf das entschiedenste perhorrescirt und Nächstenliebe, Menschenverbrüderung, Humanität und Freiheit nach jeder Richtung hin gefördert und gewahrt wissen will.